人类命运共同体视域下的国际理解教育

徐 辉 著

教育科学出版社
·北京·

目　录

绪　论 // 001

第一章　21世纪人类命运共同体提出的背景 // 007
　　一、逆全球化的挑战 // 009
　　二、地缘政治与单边主义的挑战 // 017
　　三、互联网的挑战 // 022
　　四、大数据的挑战 // 027

第二章　国际理解教育的历史发展 // 031
　　一、外援时代：
　　　　产生和形成阶段（20世纪40年代至60年代初）// 033
　　二、发展援助时代：
　　　　发展阶段（20世纪60年代中期至70年代末）// 036
　　三、内源发展时代：
　　　　确立和巩固阶段（20世纪80年代至今）// 042

第三章　国际理解教育的理论基础 // 047
　　一、人类命运共同体理论与国际理解教育 // 048
　　二、经济全球化理论与国际理解教育 // 064
　　三、相互依存理论与国际理解教育 // 081
　　四、文化相对论与国际理解教育 // 090

第四章　国际理解教育的目的 // 101
一、联合国教科文组织倡导的国际理解教育的目的 // 102
二、我国国际理解教育的目的 // 104

第五章　国际理解教育的基本内容 // 109
一、人类共同价值观教育 // 110
二、维护国家利益前提下的国际理解教育 // 115
三、和平文化教育 // 124
四、可持续发展教育 // 126
五、人权教育 // 129
六、全球治理准则性文件的教育 // 133
七、国际团结教育 // 134

第六章　国际理解教育的方法 // 143
一、"灌输式"国际理解教育 // 144
二、"对话式"国际理解教育 // 146
三、"对话式"国际理解教育方法的范例 // 153

第七章　日、美、英、中等国学校开设的国际理解教育 // 159
一、加强外语教育 // 161
二、开设国际问题课程 // 186
三、开展区域与国别研究和教学 // 196

第八章　人类命运共同体视域下的国际理解教育 // 203
一、人类命运共同体倡议的发展逻辑与时代诉求 // 204
二、人类命运共同体视域下国际理解教育的构建 // 217

绪 论

21世纪是世界风云激荡、跌宕发展、变幻莫测的时代，新的国际格局正在形成，新的现代化模式得到承认，新的工业革命正在到来，新的全球问题正在出现。党的十九届五中全会指出，世界百年未有之大变局，不是一时一事、一域一国之变，是世界之变、时代之变、历史之变。从现实情况看，西方某些大国推崇单边主义、保护主义、霸权主义，频繁"毁约""退群"，加剧了现有国际经济和政治治理体系危机，国际环境日趋复杂，严重威胁着世界和平与发展。2012年11月，党的十八大报告正式提出"人类命运共同体"这一重要概念。之后，习近平总书记在博鳌亚洲论坛年会开幕式主旨演讲、在纽约联合国总部出席第70届联合国大会一般性辩论、庆祝改革开放40周年大会讲话等不同场合多次论述推动"构建人类命运共同体，实现共赢共享"这一适应时代变化、处理全球挑战的中国方案，引起了学界的高度关注，相关研究也随之展开。

2019年，我有幸承担了国家社会科学基金（教育学）重点项目"构建人类命运共同体视域下国际教育援助理论与我国教育援助策略研究"（批准号：ADA190016），这是面向全国招标的重点项目。从看到招标项目通知那一时刻起，我一直在思考：这个项目的主旨是什么？核心问题是什么？经过反复思考，我认为，上级招标部门一定希望承担者完成一个有说服力的、容易被国际社会接受的，同时具有中国立场和中国元素的关于国际教育援助的理论，项目的核心和主旨是提出并创立一个新的关于国际教育援助的理论，发出中国的声音。

国际援助是20世纪国际政治、经济和社会生活中的重大事项，是主权国家和国际组织活跃的组织行为，具有独特的内涵和显著的外部特征，在国际政治、经济和社会发展中发挥了重要且不可替代的作用。国际教育援助是国际援助的重要组成部分，进入21世纪，教育援助在对外援助中的比重越来越大，在反对单边主义、逆全球化和霸权主义过程中发挥了积极的作用。在新时代推进"一带一路"建设、构建人类命运共同体的伟大历史进程中，教育援助更是树立大国良好形象、建立伙伴关系、提升国家影响力和美誉度、最终实现共同发展的重要途径，在建设"相互尊重、公平正义、合作共赢"的新型国际关系中发挥重大而突出的作用。

进入21世纪，一些国外学者和民间机构对我国对外教育援助颇感兴趣，成果不少，杂音较多。有的学者认为，中国的对外教育援助服务地缘政治，是"一带一路"建设的需要；有的学者认为，中国的教育援助是发展中国家承担国际义务、履行国际责任的表现；有的学者则歪曲地认为中国的教育援助是"大国扩张、文化输出、新新殖民主义"；有的学者甚至抹黑中国的教育援助"破坏了原有的国际秩序，打破了东西方的平衡"；等等。这些问题需要我们做出理论上的解答。

从我国教育援助的实际情况看，我国已逐渐从单纯的受援国变为受援国与援助国双重身份兼有的发展中国家，而且对外援助的力度不断加大，迫切需要讲好中国的教育援助故事，传播好中国声音，这要求我们提出并创立具有中国特色的教育援助理论。

基于此，我最初提出"人类命运共同体视域下的教育援助和谐发展理论"作为项目的核心研究任务。在研究过程中，我主持项目组反复讨论、深入思考，认为"和谐发展理论"总体上符合世界发展的潮流，具有一定中国特色，契合中国优秀的传统文化，是一个可期待的选择。随着研究的深入开展，我感到国际教育援助"和谐发展理论"存在严重的先天不足和后天难以弥补的缺陷。一是该理论在国际教育领域是一个全新的、从无到有的理论，存在许多不确定因素，能否成立不好说，且难以驾驭；二是该理论缺乏国际学术界认知、认同，难以达成共识，鲜有学者在教育援助领域提出"和谐发展论"；三是"和谐发展"与教育援助在内涵、主题、发展方向上结合不够紧密，必须另辟蹊径。

从国家哲学社会科学发展战略看，2004年，中共中央《关于进一步繁荣发展哲学社会科学的意见》指出："立足当代又继承民族优秀文化传统，立足本国又充分吸收世界文化优秀成果，准确把握当今世界的发展趋势，深刻认识当代中国经济社会发展的规律，努力建设哲学社会科学理论创新体系，积极推动学术观点创新、学科体系创新和科研方法创新。"强调"要扩大哲学社会科学领域的国际交流，注意引进国外哲学社会科学优秀成果、研究方法、管理经验。要大力实施哲学社会科学'走出去'战略，采取各种有效措施扩大我国哲学社会科学在世界上的影响"。2022年，中共中央办公厅印发了《国家"十四五"时期哲学社会科学发展规划》，要求"坚持以中国传统、中国实践、中国问题作为学术话语建构的出发点和落脚点，提炼出具有中国特色、世界影响的标识性学术概念，加快中国学术走出去步伐，深化人文交流，在博采众长中形成中国学术的大视野、大格局"。这些论述为我们指明了研究的方向。

在与马健生教授、阚阅教授、王正青教授、武学超教授和楚琳副教授五位子项目负责人讨论沟通、达成共识的前提下，我在开题报告会上阐述了研究"人类命运共同体视域下的国际理解教育"的观点，得到与会专家的普遍认同。项目组还书面征求了清华大学石中英教授、北京师范大学鲍东明研究员、北京外国语大学王定华教授、教育部国际合作与交流司徐永吉先生、教育部教材局田慧生先生等专家学者和教育行政部门负责人的意见。人家认为，把"国际理解教育"这一国际上广泛传播的理念和项目上升为理论，加以全面系统改造，立足中国立场，阐释中国观点，表达中国态度，是一个更合适的选择。

"国际理解教育"是20世纪50年代联合国教科文组织倡导的一种思想理念，同时也是影响广泛的教育改革实践。1953年，联合国教科文组织主持实施了"联系学校计划"（The Associated Schools Project）。这是一个具有全球影响的重大国际教育项目,具有里程碑意义。该项目明确提出了在世界范围内实施"国际理解教育"(Education for International Understanding),核心目的是消除第二次世界大战给人类带来的战争创伤,弥合各国、各民族之间的仇恨、敌视和隔阂,消除国家之间的对立,提倡国际理解。

此后,联合国和联合国教科文组织不遗余力地宣传该理念、推广该项目。1974 年,在巴黎召开的第 18 届联合国教科文组织大会上通过了《关于促进国际了解、合作与和平的教育以及关于人权与基本自由的教育的建议书》(Recommendation Concerning Education for International Understanding, Cooperation and Peace and Education Relating to Human Rights and Fundamental Freedoms)。它强调各级各类教育的国际维度和全球意识,对各民族、不同的文化和文明、不同的价值观和生活方式的理解与尊重,对各国和人民之间不断增长的全球性相互依赖的意识,与他人交流的能力,对个体之间、社会群体之间、国家之间既拥有权利又承担一定责任和义务的意识,理解国际团结和国际合作的必要性,为个体参与解决社会问题、国际问题乃至世界问题做好准备。

1994 年,联合国教科文组织在日内瓦召开第 44 届国际教育大会,发布了《第 44 届国际教育大会宣言》,明确提出了在青少年中开展国际理解教育的七大目标,并具体化为培养"全球公民",提出了热爱民主、自由、正义、团结、宽容,接受民族间和国家间,种族、宗教、文化、社会群体之间及个人之间的差异和谅解等原则。

把"国际理解教育"加以改造,注入新的思想和灵魂,可以作为我国对外教育援助的理论,也容易被国际学术界认同。按照这个基本思路,我遵循"实践—理论—实践—理论"波浪式发展的分析框架,拟从"人类命运共同体"思想提出的时代背景出发,首先分析国际理解教育的含义、产生和发展历程(实践);然后论述国际理解教育的理论基础,重点阐述人类命运共同体与国际理解教育的关系,阐明该理论的内涵;接着着重从理论上论述国际理解教育的目的、国际理解教育的内容和国际理解教育的方法(理论);再以日本、美国、英国和中国为个案,分析四国开展国际理解教育的实践（实践）；最后，回归宗旨，明确提出了我国的国际教育援助理论——人类命运共同体视域下的国际理解教育（理论）。

研究的总体框架如图 0-1 所示。

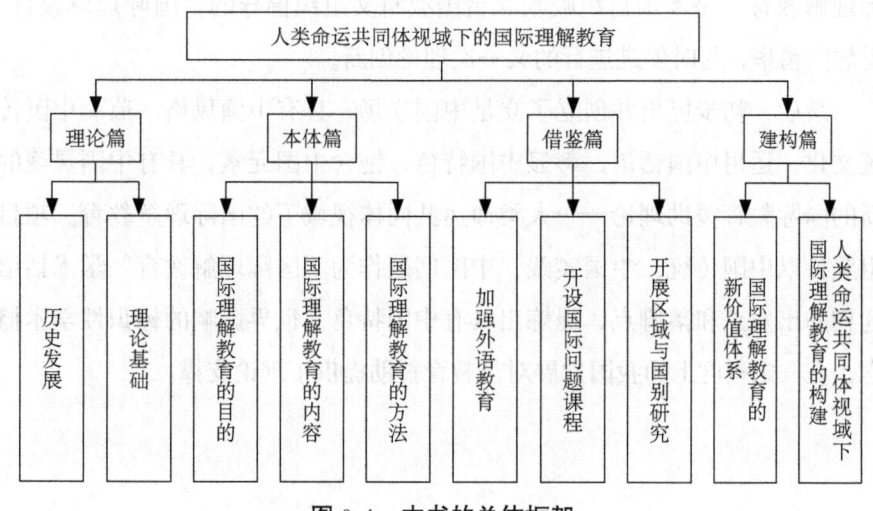

图 0-1　本书的总体框架

本研究独特的理论与实践价值包含以下三个方面。

首先，率先进行了将联合国教科文组织倡导的教育理论本土化的尝试。作为发展中国家，中国在现代化建设的过程中不断学习国外的先进技术、先进经验和先进理论，加快了国家的现代化进程，提高了国家的现代化水平。在对待外国教育理论方面也是如此，20 世纪 30 年代，陶行知先生对杜威的教育思想进行改造，提出了"教学做合一""教育即生活""学校即社会"的"生活教育理论"；20 世纪 50 年代开始，我们学习苏联马卡连柯、凯洛夫、赞可夫、苏霍姆林斯基的教育思想，形成了具有中国特色的集体主义教育理论、劳动教育理论、社会主义教育理论、全面和谐发展教育理论；我们根据 2000 年联合国牵头发布的"千年发展目标"和 2015 年联合国倡导的"可持续发展目标"，实现了由原来的环境教育向可持续发展教育的转变。"人类命运共同体视域下的国际理解教育"是我们推进外来教育理论本土化的新尝试。

其次，在一定程度上促进了比较教育学科建设，有望推动"国际理解教育"成为一个相对成熟的比较教育理论。我们探索了新时代立足中华优秀传统文化、充分吸收世界文化优秀成果,推动学术观点创新、学科体系创新和科研方法创新的国际教育援助新理论。"人类命运共同体视域下的国际理解教育"是本项目组吸收联合国教科文组织倡导的"国际理解教育"思想的精华,与时俱进进行的又一次理论创新。

最后,初步提出并创立了立足中国立场,具有中国风格,蕴涵中国传统文化,运用中国话语,彰显中国特色,饱含中国元素,具有中国灵魂的新的国际教育援助理论——人类命运共同体视域下的国际理解教育。项目组坚持以中国传统、中国实践、中国问题作为"国际理解教育"学术话语建构的出发点和落脚点,提炼出具有中国特色、世界影响的标识性学术概念,在一定程度上为我国发展对外教育援助提供了理论支撑。

第一章

21世纪人类命运共同体提出的背景

"放眼全球，我们正面临百年未有之大变局"。这是人类命运共同体新概念的时代背景。党的十八大以来，习近平总书记高度重视中国参与全球治理的理念和实践，以建立公正合理的世界秩序为目标，积极推动构建人类命运共同体的进程。

2013年3月，习近平主席在莫斯科国际关系学院发表演讲，他明确指出："这个世界，各国相互联系、相互依存的程度空前加深，人类生活在同一个地球村里，生活在历史和现实交汇的同一个时空里，越来越成为你中有我、我中有你的命运共同体。"[1]

2015年9月28日，习近平主席在纽约联合国总部出席第七十届联合国大会一般性辩论并发表了《携手构建合作共赢新伙伴，同心打造人类命运共同体》重要讲话，提出"和平、发展、公平、正义、民主、自由，是全人类的共同价值，也是联合国的崇高目标"[2]，再次强调"我们要继承和弘扬联合国宪章的宗旨和原则，构建以合作共赢为核心的新型国际关系，打造人类命运共同体"[3]。

显然，人类命运共同体理念超越了种族、文化、国家与意识形态的界限，为思考人类未来提供了全新的视角，为推动世界和平发展给出了一个理性可行的行动方案。当前，人类命运共同体的理念与倡议得到了多数国家政治家、各界学者的认同与肯定。联合国教科文组织2015年发布的《反思教育》报告提出教育要"促进全球公民责任意识和团结"，强调共同责任、共同意识。2017年2月8日，联合国经济及社会理事会社会发展委员会通过"非洲发展新伙伴关系的社会层面"决议，"呼吁国际社会本着合作共赢和构建人类命运共同体的精神"，加强对非洲经济社会发展的支持。"构建人类命运共同体"理念被正式写入联合国决议，表明这一理念已经得到国际社会广泛认可。毋庸讳言，它也面临许多严峻的现实挑战。

---

[1] 习近平.论坚持推动构建人类命运共同体 [M]. 北京：中央文献出版社，2018：5.
[2] 习近平.习近平谈治国理政：第二卷 [M]. 北京：外文出版社，2017：522.
[3] 同[1] 254.

一、逆全球化的挑战

"逆全球化",即与全球化进程背道而驰,重新赋权于地方和国家层面的思潮。英国脱欧、难民危机、恐怖袭击等国际形势下无不涌动着逆全球化的思潮,在一些国家"地球村"的观念正在被贸易保护、边境修墙、控制移民等思潮掩盖。全球化进程的发展导致西方出现了现代化赢家与输家之间的结构性对立。如果把全球化视为一种现代化进程,那么"现代化输家"理论总体上可以解释"逆全球化"思潮出现和涌动的原因。所谓"现代化输家",是指在西方经济、社会、文化与政治持续变迁过程中出现的,不能适应现代化进程,地位与声誉受到影响并遭受社会排斥的收入低、受教育程度低的群体。这个群体表现出反全球化和反精英的态度。

2008年国际金融危机爆发后,西方国家出现了明显的逆全球化倾向,特别是近年来,随着民粹主义的泛起,经济全球化的发展走向再次成为国际社会关注的焦点。逆全球化趋势反映出全球化的负面效应不断外溢,也意味着经济全球化的演进面临新的挑战。在当今全球治理体系深刻调整的背景下,理性认识逆全球化现象,既有助于审慎思考全球化的利弊,也有助于理性认识逆全球化实质,为有效应对逆全球化提供启示。

(一)逆全球化的表现及其原因[①]

逆全球化是指与经济全球化相背、国际合作和相互依赖逐渐消减的全球性发展趋势。从发展态势看,当前的逆全球化主要表现如下。一是自由贸易理念边缘化,贸易保护主义不断升级。全球多边贸易体制推进艰难,区域性贸易投资碎片化,贸易保护主义以新的表现形式向全球蔓延,以中国为代表的新兴市场国家尤其受害。二是全球经济陷入持续的结构性低迷,下行风险

---

① 吴志成,吴宇.逆全球化的演进及其应对[J].红旗文稿,2018(3):32—34.

和不确定性上升。美国和部分欧盟国家的移民、投资、监管和社会保障政策等去全球化趋势明显。三是部分西方国家保守化内顾倾向加重，国家干预和管制极端化。欧美国家利用国家权力限制本国资本、企业的自由流动，强行干预自由市场机制在世界范围内配置资源，国家经济管制极端化。四是主要大国回归国家主义立场，参与国际发展合作的意愿减退。西方世界内部的经济全球化与反全球化力量围绕利益、规则的博弈加剧，发展中国家的外部环境复杂严峻。

考察西方逆全球化形成的原因，主要有以下几点。

第一，部分国家出现治理危机。这是逆全球化的内在根源，突出表现为公共政策减效失灵，国家治理能力、制度活力和创新不足。在不断变化的时代条件下，西方国家治理的适应性下降并陷入制度性困境，越来越难以有效回应民众的诉求，特别是无法限制并消除政治资本化的严重危害，也难以承担政府应有的政治责任和发挥社会正义作用，因而激起普通民众对决策精英的不满。英国公投脱欧与特朗普逆袭上台充分凸显了西方国家的民主政治乱象，精英阶层与普通民众两极分化，国家治理出现危机。

第二，个别大国的霸权任性和责任缺失。这些国家在国际事务中固守国家本位主义和狭隘民族主义，国际责任观念和人类命运情怀淡薄，在国际发展上急功近利，追求本国利益最大化，其战略和行为霸道任性，给经济全球化的公平正义合作秩序造成严重伤害。2008年国际金融危机后，随着经济实力的相对衰落，美国的霸权任性和责任缺失展露无遗：推行贸易保护主义政策，宣称只买美国商品和雇佣美国工人；罔顾全球气候治理责任，退出《巴黎协定》；不愿提供全球公共产品，大幅减少对外援助。

第三，国家间发展更不平衡。经济全球化促进了发展中国家的群体性崛起，也使一些国家越来越边缘化。这类国家在经济全球化中获益有限，但面临的风险和压力不断增加，与发达国家甚至新兴国家之间的差距拉大，矛盾加剧，恶化了这些国家内部的政治社会生态。与此同时，新兴国家与发达国家间发展也不平衡，双方在国际秩序上的矛盾凸显。一批发展中国家特别是新兴国家，顺应相互依赖的发展趋势，借助经济全球化的机会和平台，逐渐崛起为世界经济体系中的重要力量。但是，西方国家则呈现出经济发展疲软、经济实力相对衰弱的态势。新兴国家寻求在全球性治理机制中拥有更大的代表权和发言权，而占据传统优势地位的发达国家不愿转让权力，双方围绕国际体系主导权展开了竞争。

第四，自由主义国际秩序陷入危机。逆全球化趋势凸显出传统的全球治理体系已陷入制度性困境。尽管西方发达国家提供国际公共物品、变革全球治理体系的意愿减退，但国际力量对比的深刻变化使全球经济治理体系变革成为大势所趋。面对世界经济形势的发展演变，全球经济治理需要与时俱进、因时而变。全球经济治理应该以平等为基础，更好反映世界经济格局新现实，增加新兴市场国家和发展中国家代表性和发言权，确保各国在国际经济合作中权利平等、机会平等、规则平等。

（二）逆全球化的严重危害

逆全球化的发展不仅助推了极右翼政治力量的地区性崛起和民粹主义的全球性泛起，而且给国际社会的和平稳定发展带来了诸多危害。

一是引发全球经济衰退和金融贸易风险。逆全球化阻碍了国家之间的贸易、投资、货币与金融联系，增加了世界经济增长与运行的不确定性。一些国家的宏观财政政策与货币政策工具失效，导致国家之间出现贸易摩擦与冲突，形成保护主义壁垒和排他性区域集团，同时，对国际货币与金融市场的不当干预容易造成全球汇率波动，甚至出现货币与金融危机。2008年国际金融危机爆发后，美国为稳定国内经济秩序而实行的量化宽松的货币政策不仅不利于发展中国家的商品出口，增加了发展中国家的经济成本和金融风险，而且恶化了世界经济环境和全球政治生态。

二是影响全球价值资源分配。逆全球化是国家干预经济的结果，势必对全球市场公平竞争秩序产生破坏性影响。部分发达国家的保守主义策略在一定程度上暴露了对自由世界市场的不信任，加剧了孤立闭锁的经济活动和文化融合之间的矛盾，极大地影响着全球资源配置的方式和效率。此外，由于主要大国回归传统国家主义立场，参与国际合作的意愿减退，超国家行为体、次国家行为体在全球价值分配中的作用受到削弱，国际机制对大国行为的规制作用进一步减弱。

三是激化社会矛盾、促使政治不稳定。逆全球化实质是经济全球化利益受损的国家或利益集团，为了维护既得利益而采取的各种反全球化措施。它导致各种破坏性的社会政治运动，甚至引发社会分裂、动荡与失序，激化全球性的政治与社会危机。英国的脱欧公投及其引发的一系列政治与社会危机充分体现了逆全球化对国内秩序的破坏作用。脱欧公投前，留欧派和脱欧派各自展开造势活动，加剧了业已严重的政治极化现象，撕裂了英国社会。脱欧公投后，留欧派举行了大规模游行示威，百万人要求进行二次公投，引发了严重的政治与社会危机。

四是冲击和割裂国际政治关系。逆全球化加深了国际政治分裂，特别是发达国家与发展中国家的分裂。为获取更大利益，发达国家趋于开展保守的对外经贸和政治交往，甚至抱团向发展中国家施加压力，削弱了发展中国家与发达国家的联系和国际社会和平合作共赢的发展态势。而且，在发达国家和新兴国家竞争国际主导权的背景下，两者的分裂会进一步加剧双方的战略互疑。发达国家忧虑新兴国家改变现行世界秩序，危及自身的政治、经济利益。发展中国家则担忧发达国家进行联合遏制，蓄意破坏自身发展。双方不断增加的战略互疑将加深国际政治关系的裂痕，为国际合作和相互依赖的前景蒙上阴影。

五是导致经济全球化减速甚至停滞。经济全球化的本质是生产要素在世界范围内的自由流动，社会网络超越传统的政治、地理边界，公民的身份认同趋于多元化、复杂化。但是，西方国家日益保守的国家主义倾向人为阻碍了生产资源在世界市场中的最优配置，降低了国际合作和相互依赖的程度。鉴于发达国家依旧在全球经济体系中占据重要地位，引领着全球科技创新，对经济全球化发展的影响举足轻重，西方的逆全球化趋势势必带来经济全球化减速甚至停滞的隐患。

（三）理性认识和应对逆全球化

面对逆全球化演进的风险，国际社会特别是主要大国应该着眼全球共同利益，加强协调合作，引导经济全球化健康发展，让其更好惠及每个国家、每个民族。中国是经济全球化的受益者、推动者和贡献者，更应该趋利避害，积极增扩经济全球化深化之利，为反制各种逆全球化行为和政策，推动构建开放、包容、普惠、平衡、共赢的经济全球化发挥引领作用。

一是加强"逆全球化"研究，理性认识逆全球化。逆全球化是当前在西方世界出现的与经济全球化背道而驰的发展动向，是经济全球化不充分不均衡发展长期累积的集中爆发。从这一角度出发，要全面客观认识经济全球化的利弊，深刻反思经济全球化进程中的消极和负面问题，注意从经济全球化的逆势或反全球化的抗议中汲取教训，引导人们科学、冷静、辩证地看待逆全球化现象，进而把握经济全球化发展的总体积极趋向。

二是推进国家治理现代化，加强国家治理能力建设。逆全球化思潮的出现凸显了加强国家治理能力建设的紧迫性。国家治理强调用法治化和制度化手段促进政府、市场、社会三者的良性互动。因此，必须坚持以经济建设为中心，通过全面深化改革，加强法治建设和民主政治建设，理顺国家与市场、社会的关系，优化国家治理能力。必须适应国家现代化进程，提高执政党科学执政、民主执政、依法执政水平，提高国家机构履职能力，提高人民群众依法管理国家事务的能力，实现党、国家和社会各项事务治理的制度化、规范化与程序化。

三是推进以共同发展为导向的经济全球化，构建符合时代需求的新型经济全球化。逆全球化暴露出西方国家对经济全球化的功利态度：当经济全球化符合本国意志时就极力推动；一旦经济全球化不利于本国利益，则固守狭隘民族主义。面对形势的发展变化，经济全球化在形式和内容上面临新的调整，理念上应该更加开放包容，方向上应该更加普惠平衡，效应上应该更加公正共赢。这种新型经济全球化意味着参与更平等、竞争更包容、发展更共享，特别是要消除等级化、不平衡和掠夺性等负面因素，通过公正合理的战略安排和规则体制，修正缺乏节制和规制的经济全球化模式。

四是积极参与和主导国际规则的制定，提高经济全球化运行质量。随着经济实力的快速提升和深度融入世界经济，中国要敢于承担大国责任，以更加积极、主动的态度参与和引领全球治理规则的制定，以开放、包容和自信的姿态，为更高水平的对外开放创造必要条件。在增强全球规则制定权的同时，中国也需要规范经济全球化的秩序，不断改善经济全球化运行环境，有效提升全球治理质量。

五是坚定支持经济全球化与自由贸易理念，合作共建开放型世界经济。在经济全球化遭遇波折，西方国家退却时，中国旗帜鲜明地表达了对经济全球化及自由贸易理念的支持和拥护。习近平总书记表示，要坚定不移发展全球自由贸易和投资，在开放中推动贸易和投资自由化便利化，旗帜鲜明反对保护主义。在现实治理进程中，中国继续支持多边贸易体制，反对任何保护主义行为，推动经济全球化与自由贸易发展，通过化解南北矛盾，减少对发展中国家不公正、不合理的因素，尤其关注处于经济全球化边缘的不发达国家，引导经济全球化实现开放、包容、普惠、平衡、共赢，以开放型经济推动世界共同发展。①

六是积极推动全球治理变革，引领全球经济治理长效机制建设。逆全球化使全球治理成为焦点议题。全球治理是一种通过国际合作解决全球性问题的机制，其本质是各国政府、国际组织、各国公民为最大限度地增加共同利益而进行的民主协商和合作。因为全球问题关乎全人类的发展，涉及每一个国家的利益，所以需要世界各国共同协商，加以解决。在全球性挑战增多、国际力量对比明显、世界经济格局深刻变化的时代背景下，全球治理更多地涉及经济、政治、安全、文化、生态等领域中大量广泛的具体议题，主要体现着合作、价值、规则等特征。面对气候变暖、物种濒危、疾病蔓延等全球性问题，全球治理有助于国际社会共同担负职责，共同寻

---

① 吴志成，吴宇. 逆全球化的演进及其应对 [J]. 红旗文稿，2018（3）：32—34.

求有效解决路径。全球治理的发展也使中国将维护国家核心利益与承担相应的国际责任有机结合起来，既为中国自身的发展和中国参与全球治理创造了更好、更为有利的环境，也为中国积极承担国际责任和有效应对全球性挑战提供了更大、更为方便的平台。

七是逆全球化并非对全球化趋势的否定。逆全球化危机的产生与全球化自身存在的矛盾密切相关，它背后是传统全球化红利分配的高度不平衡导致传统全球化秩序难以为继这一事实，而且呈现出影响大、范围广、时间长等特点。从根本上讲，逆全球化是资本主义固有矛盾，即资本主义生产资料的私有制与生产社会化之间的矛盾在全球化过程中不断深化和扩展的结果。在资本主义固有矛盾及其产生的经济危机日益严重的背景下，推动和主导经济全球化的发达资本主义国家在全球经济中的地位、作用和影响力呈衰落趋势。于是，为解决其固有的经济矛盾，一直致力于推动并主导全球化进程的英美等西方国家开始出现了逆全球化趋势。但资本主义所采取的措施只是一种"迂回反抗"，每一次经济危机都是对未来理想社会的印证，加快了人类迈向理想社会的进程。

八是逆全球化是新形势下全球性问题的反映。作为全球化发展的一个阶段，逆全球化主要表现为贸易保护主义的回归和民粹主义政党的崛起两个方面。一方面，为应对复杂的经济社会问题，特别是利益分配不均与贫富差距悬殊的现实状况所导致的受益群体与受损群体之间的激烈冲突，为维持稳定的经济社会秩序，各国政府都要进行一系列的政策调整。在政策调整过程中，各国都以自身利益为重，从而强化了贸易保护主义的发展趋势。保护主义具有传导性特征，一国的保护主义措施会导致相应国家的政策调整，进而产生恶性循环，破坏世界自由贸易和全球投资体系的正常运转，破坏各国政策的延续性和可预期性，侵蚀人类社会合作共赢的已有成果。习近平总书记指出："保护主义政策如饮鸩止渴，看似短期内能缓解一国内部压力，但从长期看将给自身和世界经济造成难以弥补的伤害。"与此同时，社会民众在经济低迷、社会分层固化、失业率升高、难民危机加剧的综合作用下，产生了对社会不满、排外主义和民族主义等情绪，导致了政治层面上的"右转",使右翼民粹主义强势扩张。这种贸易保护主义、政治民粹主义的博弈,导致了"少数权利"上升为"多数统治"现象。

(四)以人类命运共同体理念引导经济全球化健康发展

有效应对贸易保护主义和逆全球化,既要认识到经济全球化是大势所趋、不可阻挡,又要正视经济全球化进程中存在的不足,以先进理念和务实举措引导经济全球化健康发展,让经济全球化更好造福世界各国人民。构建人类命运共同体,是习近平总书记着眼人类发展和世界前途提出的中国理念、中国方案,受到国际社会高度评价和热烈响应。以构建人类命运共同体理念引导经济全球化健康发展,才能推动建设一个开放、包容、普惠、平衡、共赢的世界。

开放带来进步,封闭必然落后。开放是经济全球化的本质特征之一,也是推动经济全球化深入发展的驱动力。历史上,世界各国根据自身要素禀赋和技术条件发展具有比较优势的产业,融入世界经济体系,形成了全球产业链、价值链、国际分工体系与世界市场。今天,应对逆全球化,根本之策仍是大力推进贸易和投资自由化、便利化,不断完善开放、透明、包容、非歧视的多边贸易体制,促进国际分工体系和全球价值链优化重塑,推动建设开放型世界经济。

今天的世界,物质、技术发展达到了前所未有的高度,但发展的包容性不足,各国特别是发展中国家人民共享发展成果的条件和机会很不充分。据有关统计,现在世界基尼系数已经达到 0.7 左右,超过了公认的 0.6 "危险线"。包容性不足,必然制约世界经济发展的空间和潜力。如果不是努力增强包容性,让各国在经济全球化中互利共赢、共同发展,而是奉行你输我赢、赢者通吃的零和思维,结果必然是封上别人的门也堵上自己的路,损害全人类的利益。正确的思路和做法是,坚持"你好我好大家好"的理念,坚持各国共享机遇、共迎挑战、共创繁荣。

不平衡的发展难以持续,不平衡的经济全球化难以走深走实,甚至会为逆全球化思潮的滋生提供土壤。经济全球化发展不平衡,一个突出表现是发达国家凭借技术优势和规则制定主导权获取了经济全球化的大部分红利，发展中国家虽然取得了一定发展，但处于不平等地位，南北差距依然悬殊。对此，应完善全球经济治理，提高新兴国家和发展中国家的代表性和发言权，推动形成更加公正合理的国际经济秩序；提供更多先进理念和公共产品，落实联合国2030年可持续发展议程，促进发展中国家发展，实现全球范围平衡发展。另一个突出表现是，在一些国家，资本所有者获得了大部分利益，中下层民众被剥夺感增强。对此，应重视收入分配、教育培训、就业创业等方面的国内改革和国际合作，提高劳动者报酬，逐步缩小收入分配差距。

面对民粹主义和贸易保护主义，坚持合作共赢是釜底抽薪之策。应秉持构建人类命运共同体理念，坚持共商共建共享的全球治理观，维护多边贸易体制，反对一切形式的民粹主义和保护主义，合力引导好经济全球化走向，共同推动世界各国的发展繁荣。各国应加强宏观政策协调，兼顾当前和长远，着力解决深层次问题。中国提出的"一带一路"建设倡议，是推动构建人类命运共同体的重要实践平台，是促进经济全球化健康发展的重要途径，是一条和平之路、繁荣之路、开放之路、绿色之路、创新之路、文明之路。共建"一带一路"，可以让经济全球化的正面效应更多释放出来，让参与各国共享经济全球化红利，让经济全球化进程更有活力、更加包容、更可持续。①

二、地缘政治与单边主义的挑战

（一）地缘政治的影响

地缘政治是政治地理学的一种理论，它根据各种地理要素和政治格局的地域形势，分析、预测世界或地区范围的战略形势和有关国家的政治行

---

① 任理轩. 逆全球化违背时代潮流 [N]. 人民日报，2018-10-17（7）.

为。它把地理因素视为影响甚至决定国家政治行为的一个基本因素，这种观点后为国际关系理论所吸收，对国家的政治决策有相当的影响。

德国地理学家拉采尔（F. Ratzel）在1897年出版的《政治地理学》一书中提出"国家有机体学说"，后又发表有关"生存空间论"的论文，把达尔文（C. R. Darwin）的物竞天择、优胜劣汰概念应用到国家的成长和发展上，认为国家像有机体一样有兴盛、衰亡的过程，国家的兴盛需要广阔的空间。瑞典学者契伦（R. Kjellén）接受了拉采尔的思想，在1917年发表的《作为生命形态的国家》一书中提出地缘政治学这一概念。他认为一个国家成为世界强国的条件是：广阔的空间、对全体国民的控制和自由的活动权利。

第一次世界大战后，德国学者豪斯霍弗（K. Haushofer）利用和歪曲"国家有机体学说"和生存空间论以及英国地理学家麦金德（H. J. Mackinder）的"陆心说"，为纳粹德国侵略扩张服务。他认为德国缺乏必需的生存空间和足够的自然资源，主张重新分配世界领土，而战争是解决生存空间的唯一方法。此外，他把世界划分为几个泛区域，其中整个欧洲、非洲和亚洲西部广大地区是属于德国势力范围的泛欧区，德国是该区域的核心。他把地缘政治学与希特勒的第三帝国联系在一起，致使地缘政治学名声不好而一度衰落。1960年，克里斯托夫（L. K. D. Kristof）提出应当恢复作为科学的地缘政治学的声誉，认为地缘政治学是政治学与政治地理学之间的媒介，其研究应当针对自然环境对政治的影响进行客观分析。

20世纪，由于全球的政治、经济和军事的发展，各种地缘政治理论出现了。马汉（A. T. Mahan）强调海权对国际政治的影响，认为谁能控制海洋，谁就能成为世界强国，而控制海洋的关键在于对世界重要海道和海峡的控制。他的理论被称为"海权论"。麦金德则提出"陆心说"，认为随着陆上交通工具的发展，欧亚大陆的心脏地带成为最重要的战略地区。他的理论被称为"陆权论"，对世界政治的影响很大。到40年代，斯皮克曼（N. Spykman）强调边缘地带的重要性，提出"陆缘说"，为陆权论中的另一派地缘政治理论。50年代，塞维尔斯基（A. P. de Seversky）根据空军在战略中的重要作用和美国、苏联空军控制范围重叠的地区，提出北极地区对美国争夺制空权十分重要的理论，被称为"空权论"。1973年科恩（S. B. Cohen）提出地缘政治战略模型，将世界分为海洋贸易区和欧亚大陆区两个地缘战略区。地缘政治已经成为各国制定国防和外交等政策的一项重要依据。各种地缘政治理论的研究虽然都以地理环境作为基础，但依据重点有所不同，过去多从历史、政治、军事等方面考虑，而后来对经济、社会等方面的作用日益重视。

（二）单边主义的冲突

所谓单边主义（unilateralism）是指举足轻重的特定大国，不考虑大多数国家和民众的愿望，单独或带头退出或挑战已制定或商议好了的维护国际性、地区性、集体性和平、发展、进步的规则和制度，并对全局或局部的和平、发展、进步有破坏性的影响的行为与倾向。单边主义的本质是无视甚至破坏现有的集体性的规则和制度，单边主义的核心是逆潮流而动。

学者们从各自理解的角度对这个问题提出了自己的看法。有人说单边主义是小布什上台之后，美国政府倚仗它的经济实力和综合国力，在国际事务中为了谋求美国的私利我行我素。也有人说所谓单边主义即独自处理外交政策与事务的倾向，具体表现为美国在所有事务上都要以美国利益为重，避免美国受到其他国家、国际组织或者一些条约和联盟的制约。还有人说单边主义就是从美国的实力地位与国家利益出发来决定美国的政策走向，而不是通过同国际社会保持密切的合作来实现美国的利益。具体来说，即美国根据自己的利益和判断，而不是根据国际社会的需求和意见来做有关全人类利益与安全的政策决定，在国际社会中我行我素，不理会其他国家的合理利益考虑及国际舆论的批评与谴责。

还有人把它总结为：单边主义是美国保守主义实施的一种对外政策，当前人们使用"单边主义"这个词特指美国作为世界上唯一一个超级大国在国际关系中的行为方式——在处理国际事务中，仅仅从自己的判断和自身国家利益出发，从来都不同其他国家进行磋商。这是美国追求世界霸权的一种表现。

很明显,以上三个观点的共同之处是将单边主义狭隘地定义为美国的外交政策,这显然不合适。难道除了美国之外其他国家就不存在单边主义?显然不是。正如北京大学国际关系学院贾庆国指出:"从某种意义上讲,所有国家在处理对外关系时都或多或少地采取单边主义的做法,美国也不例外。"①

中国现代国际关系研究院傅梦孜认为:"单边主义本来是国际体系中'主导力量'的国家,特别是像美国这样的'惟一超级大国'惯有的心理与行为偏好方式。"②根据他的观点,单边主义是国际体系中大国一贯的做法。

2001年乔治·W.布什入主白宫,美国共和党再度主政,美国的外交政策从多边主义迅速转向单边主义。美国的公众基本接受甚至可以说是欢迎小布什政府的这种外交转向,尤其在2001年"9·11"事件之后,公众对共和党政府的单边主义外交政策持非常强劲的支持态度,这一方面可以从当时民意测验中公众对小布什政府的极高支持率窥见一斑,另一方面也可以从2002年共和党在美国国会的中期选举中大获全胜得到某种程度的证明。正是借着反恐战争的"大好时机",乘着公众积极支持的"东风",美国保守的共和党政府一鼓作气将单边主义的外交政策推向极端。布什于2002年9月向美国国会提交《美利坚合众国国家安全战略》报告,正式提出"先发制人战略",并于2003年发动对伊拉克的战争。

作为具有攻击性、排他性的干涉主义的对外政策,美国的单边主义对世界的安全和地区稳定,对世界的和平与发展具有极大的破坏性,当然,也给国际教育交流与合作带来重大消极影响。

首先,打压全球范围的不同声音,遏制其他国家发展,致使国际力量更加失衡。在当今世界国际关系新格局尚未形成的转型阶段,国际力量对比原本就更加失衡,美国仍然继续推行"新干涉主义"单边政策,出台北

---

① 贾庆国.单边主义还是多边主义? [J].现代国际关系,2003 (8):8—10.
② 傅梦孜.美国外交的新调整 [J].现代国际关系,2002 (1):22—26.

约新战略，强化美日军事同盟，加大对台军售力度，不断在各方面打压俄罗斯的生存空间，遏制世界其他各极的发展，进驻科索沃，控制阿富汗，摧毁伊拉克国家机器，扼守欧亚大陆两端咽喉，以更加突出美国在国际政治舞台上的主导作用。

其次，破坏现行的国际关系法准则，进一步削弱联合国的地位和作用。罗宾·赖特（Robin Wright）在《科索沃是全球政治的分水岭》一文中指出：科索沃战争涉及国际干预的新标准，这个新标准既超出联合国宪章之外，也违背了半个世纪以来神圣不可侵犯的一项原则，这项原则即不干涉其他国家的内政。单边主义政策极力把全球一切事务纳入自己主导的势力范围内，对意识形态不同的国家和地区动辄干涉、制裁以至诉诸武力，极大地破坏了国际法准则，无理侵犯别国的主权及稳定，绕开联合国施行其"新干涉主义"，严重挑战了联合国宪章的权威，这必将造成国际行为准则的混乱。

最后，阻碍全球和平和发展的步伐，加剧军备、经济恶性竞争，加大世界范围内资源的人为内耗，增加世界不稳定因素。特别是美国超出全球其他各国数倍以上的军事实力和它的"新干涉主义"政策，使得任何一个国家都如芒刺背，不得不加强军备。2023年，美国国防预算达8579亿美元，较2022年7530亿美元的国防预算增长近14%；英国国防预算是500亿英镑，较2022年增加17%；法国国防预算为487亿美元，较2022年增加7.4%；日本防卫费年度预算提高至约6.8万亿日元，是2022年度原始预算的1.26倍；印度国防预算提升至5.94万亿卢比，比此前初步估计的数据高出13%。[①] 各国加强军备的目的无非在于减小相互间的军力差距，谋求本国的安宁，但是事与愿违，军备竞赛最终不可能有双赢的结果，必然导致武装冲突风险增大。

---

① 贾平凡. 全球军费连续第八年保持增长：世界安全局势更加严峻 [EB/OL]. (2023-05-06) [2023-06-20]. http://www.chinanews.com.cn/gj/2023/05-06/10002552.shtml.

三、互联网的挑战

(一)"互联网+"的内涵及其特征

"互联网+"是互联网思维的进一步实践成果,它代表一种先进的生产力,推动经济形态不断发生演变,从而释放社会经济实体的生命力,为改革、发展、创新提供广阔的网络平台。通俗来说,"互联网+"就是"互联网+各个传统行业",但这并不是简单的两者相加,而是利用信息通信技术以及互联网平台,让互联网与传统行业进行深度融合,创造新的发展生态。它代表一种新的社会形态,即充分发挥互联网在社会资源配置中的优化和集成作用,将互联网的创新成果深度融合于经济、社会各领域之中,提升全社会的创新力和生产力,形成更广泛的以互联网为基础设施和实现工具的经济发展新形态。

"互联网+"有六大特征:一是跨界融合。"+"就是跨界,就是变革,就是开放,就是重塑融合。敢于跨界了,创新的基础就更坚实;融合协同了,群体智能才会实现,从研发到产业化的路径才会更垂直。融合本身也指代身份的融合,客户消费转化为投资、伙伴参与创新等等,不一而足。二是创新驱动。粗放的资源驱动型增长方式早就难以为继,必须转变到创新驱动发展这条正确的道路上来。这正是互联网的特质,用所谓的互联网思维来求变、自我革命,也更能发挥创新的力量。三是重塑结构。信息革命、全球化、互联网业已打破了原有的社会结构、经济结构、地缘结构、文化结构。权力、议事规则、话语权不断发生变化。"互联网+"社会治理、虚拟社会治理会带来很大的不同。四是尊重人性。人性的光辉是推动科技进步、经济增长、社会进步、文化繁荣的最根本的力量,互联网力量之强大的根本源于对人性的尊重、对人体验的敬畏、对人的创造性发挥的重视。五是开放生态。"互联网+"的生态性是非常重要的特征,而生态本身就是开放的。我们推进"互联网+",其中一个重要的方向就是要把过去制约创新的环节简化,把孤岛式创新连接起来,让研发由基于人性的市场驱动,让创业者有机会实现价值。六是连接一切。连接是有层次的,可连接性是有差异的,连接的价值是相差很大的,但是连接一切是"互联网+"的目标。①

(二)"互联网+"带来的发展机遇

随着移动互联网、大数据、云计算、物联网与人工智能等新技术、新业务和新生态的发展,各行各业正在以互联网为平台进行融合创新,进入"互联网+"快速发展的时代。

1. 推进产业转型升级与融合创新

互联网正在重塑传统产业,推动信息通信技术与传统产业全面融合。在广度上,"互联网+"正在以信息通信业为基点全面应用至第三产业,形成了互联网金融、互联网交通、互联网教育等新业态,并正在向第一产业和第二产业渗透,如:"互联网+工业"正在从消费品工业向装备制造和能源、新材料等工业领域渗透,全面推动传统工业生产方式的转变;"互联网+农业"也在从电子商务等网络销售环节向生产领域渗透,为农业带来了新的机遇,提供了广阔的发展空间。在深度上,"互联网+"正在从信息传输逐渐渗透到销售、运营和制造等多个产业链环节,并进一步延伸,通过物联网把传感器、控制器、机器和人连接在一起,形成人与物、物与物的全面连接,促进产业链的开放融合,工业时代的规模生产转向满足个性化长尾需求的新型生产模式。

2. 促进产业生态共赢与创业创新

创新是互联网发展的生命线,譬如"快速迭代式"的创新模式能够迅速满足用户需求、解决用户痛点,同时通过开放接口和开放平台,推动"生态协同式"的产业创新,带来新产品、新模式与新生态,促进大众创

---

① 陈彬."互联网+"时代中国发展的机遇与挑战[J].财经界,2017(11):3—5.

业、万众创新。一批平台型的互联网企业已形成了一定规模的产业生态系统，基于这些平台又创造出了新业态，如O2O（线上与线下结合）、移动支付等。各平台将用户资源和技术资源开放给合作伙伴，通过大数据分析和个性化营销，降低了中小微企业与创业者进入市场的门槛，提高了创业成功率，形成了互利共生的生态系统。

3. 加快公共资源配置整合与优化

"互联网+"通过打破信息不对称、减少中间环节，提升劳动生产率，从而提升资源使用效率。"互联网+"的发展，将公共服务辐射到更多有需求的群体中去，提供跨区域的创新服务，为实现教育和医疗等公共服务均等化提供全新平台。如"互联网+教育"打破了地域限制，连接了全球的优质教育资源，为三四线城市及偏远农村的学生提供了新的选择；"互联网+医疗"为民众就医提供了便捷、高效的解决方案；"互联网+公共服务"可以提升政府服务能力，提高效率，便利民众。

4. 推动共享经济成长与发展

共享经济的核心是互利共享，高效对接供需资源，提升闲置资源利用率，提供节能环保与资源再利用的创新模式。当前，以商务专车、拼车、二手交易、家政服务为代表的共享经济模式正在快速发展，例如商务专车服务正在探索通过"汽车共享"优化利用社会闲置资源，提升服务品质，缓解城市交通拥堵，解决市民出行难的问题，同时，通过供需双方的高效对接，提高闲置资源利用率、减少空驶率，为城市节能环保做出了贡献。未来将形成共享汽车、出租车、公共交通等多元融合的移动交通解决方案，大大便利民众出行，并提供大量就业和创业机会。

（三）"互联网+"面临的挑战

互联网呈现出高速发展的势头，为我国经济社会创新发展提供了新的平台。确保"互联网+"的持续创新发展与广泛渗透，需要关注"互联网+"发展中存在的一些问题。

1. 融入"互联网+"的积极心态尚未确立

首先,相当一部分企业和个人缺乏对"互联网+"的正确认知,主要表现为以下几点:一是对"互联网+"认识不足,缺乏在现实中主动运用"互联网+"的理念和模式;二是视"互联网+"为洪水猛兽,担心"互联网+"成为自身商业模式和生活方式的颠覆性力量;三是在不同产业中对"互联网+"的认知程度存在很大差异,"互联网+"模式在商业零售、金融、交通等服务行业有较高的认知度,在工业制造业中也得到部分认同,在传统农业、部分传统制造业中认知度则普遍较低。

其次,由于缺乏对"互联网+"的正确认知,融入互联网的积极心态尚未在全社会确立,主要表现为以下几点:一是一些企业对"互联网+"心存疑虑,担心"互联网+"对其现有商业模式造成冲击和颠覆;二是一些企业对"互联网+"抱有观望心态,不相信"互联网+"所具有的巨大力量和积极作用;三是一些企业虽然有意愿利用"互联网+"提升效率、促进原有商业模式的革新,但由于自身惰性、历史惯性等原因而不愿主动做出改变,不想承担革新原有商业模式带来的成本,不愿放弃固有的企业经营方式和既得利益。

2. 实施"互联网+"的基础设施尚不完善

"互联网+"的基础设施包括三个层面:网络基础设施、数据基础设施和标准接口的基础设施。首先,在网络基础设施上,还需要加强宽带移动通信网络的建设,确保我国网络基础设施处于世界先进水平。其次,公共数据的开放是数据基础设施建设的基石,是相互连接和数据共通的重要渠道,因此,需要打破各领域的信息孤岛,开放公共数据资源,推动全社会对信息资源的开发利用。最后,新兴行业生产服务标准的滞后和相关接口不统一是"互联网+"发展的重要屏障,在跨界融合中已出现了诸多因接口不统一而导致的重复开发和效率低下。

3. 现有互联网平台的潜力尚需挖掘

当前很多企业还没有对现有的互联网平台进行充分应用,特别是中小微企业对信息化的需求非常高,但同时信息化成本也是一项沉重的负担。

因此，更好地利用低成本、高效率的互联网平台提升中小微企业竞争力变得尤为重要。第一，互联网的入口为企业提供了触及数十亿用户的平台。互联网的规模效应将海量的用户集中到了一起，成为企业产品和服务触及海量用户的核心突破口。但是，目前各行业对于通过互联网触及用户还应用不足。第二，互联网金融通过信息通信技术实现资金融通、供需双方高效对接并逐步建立征信体系，可缓解中小企业融资难的问题。第三，大数据、云计算可为企业数据存储与精准推送提供良好的技术手段和平台，各类社交网络、新媒体平台可为企业社会化营销提供新渠道和全新的用户体验，但相关企业仍然对其挖掘不够。第四，互联网平台可为企业管理提供良好的应用，能够简化政府机关、学校、医院等的管理流程，大幅提升组织间协同运作的效率，但目前在企事业单位和政府部门利用程度依然不高。

（四）对教育的挑战

互联网时代开启以后，手机、平板电脑普及，无线网迅速发展；云技术让我们可以把信息放到云端，大大减轻了信息存储的压力；大数据综合了以前没有办法采集到的数据；机器学习蓬勃发展；穿戴设备运用日益广泛。这些重大的技术突破，给互联网变革教育带来了基本的可能性，教育正处在革命性变革的前夜。

教与学的时间、学习者的数量、学习的内容、教与学的方式、教育体制、人际关系等方面的突破，以及随之而来的传统价值的突破，引导我们重新思考什么叫课堂、什么叫学校、什么叫教育。

第一是从教到学。学习的时代，是以学习为主体、以学习者为主体的时代，我们要重新理解教与学的关系，思考教学者、教育的发起者和组织者在新的背景下充当怎样的角色、发挥什么功能，这些都不能从传统教育中简单移植过来。

第二是师生互动。此处的互动是深层次的互动，不是单方面的接收。在传统教学方式中，师生有时会有很活跃、很丰富的对答关系，但那不是互联网时代的师生互动。互联网时代的师生互动是指，教师不再是知识的拥有者，也不再是教育行为的简单发起者，学生在很多方面才是知识的拥有者以及教育的发起者。

第三是个性化。班级授课促进了知识的迅速普及，但是遏制了个性发展。传统班级制形态下很难真正实现的因材施教在互联网教育中有了新的可能。

第四是创新。传统的教育更像是一个接收的过程，但是教育的最终目的并不是单纯地接收，更重要的是创新。在互联网时代，教育更需要创新人才培养，把人的创造性培养出来。①

四、大数据的挑战

（一）大数据时代的来临

互联网特别是移动互联网的发展，加快了信息化向社会各方面的渗透。有资料显示，1998年全球网民平均每月使用流量1MB（兆字节），该数据在2000年是10MB，在2003年是100MB，在2008年是1GB（1GB等于1 024MB），在2014年是10GB。全网流量累计达到1EB（即10亿GB）的时间在2001年是一年，在2004年是一个月，在2007年是一周，而2013年仅需一天。

数据规模越大，处理的难度也越大，对其进行挖掘可能得到的价值也更大。大数据反映舆情和民意。网民在网上产生的海量数据，记录着他们的思想、行为乃至情感，它们是信息时代现实社会与网络空间深度融合的产物，有着丰富的内涵和很多规律性信息。企业和政府的信息系统每天也在源源不断产生大量数据。医院、学校和银行等也都会收集和存储大量信息。2011年，《自然》杂志曾出版专刊指出，倘若能够更有效地组织和使用大数据，人类将得到更多的机会发挥科学技术对社会发展的巨大推动作用。

---

① 袁振国.网络化时代的机遇与挑战：在第四届全国教育局长峰会上的演讲[Z].福州，2015—07—16.

（二）大数据技术的挑战和启示

目前，大数据技术的运用仍存在一些困难与挑战，体现在大数据挖掘的四个环节中。第一是数据收集。要对来自网络，包括物联网和机构信息系统的数据，附上时空标志，去伪存真，尽可能收集异源甚至是异构的数据，必要时还可与历史数据对照，多角度验证数据的全面性和可信性。第二是数据存储。要达到低成本、低能耗、高可靠性目标，通常要用到冗余配置、分布化和云计算技术，在存储时要按照一定规则对数据进行分类，通过过滤和去重，减少存储量，同时加入便于日后检索的标签。第三是数据处理。有些行业的数据涉及上百个参数，其复杂性不仅体现在数据样本本身，更体现在多源异构、多实体和多空间之间的交互动态性上，难以用传统的方法描述与度量，处理的复杂度很大，需要将高维图像等多媒体数据降维后度量与处理，利用上下文关联进行语义分析，从大量动态而且可能是模棱两可的数据中综合信息，并导出可理解的内容。第四是结果的可视化呈现，使结果更直观以便于洞察。目前，尽管计算机智能化有了很大进步，但更多还是针对小规模、有结构或类结构的数据进行分析，现有的数据挖掘算法在不同行业中难以通用。

大数据技术的运用前景是十分光明的。当前，我国工业化、信息化、城镇化、农业现代化的建设任务依然很重，建设下一代信息基础设施，发展现代信息技术产业体系，健全信息安全保障体系，推进信息网络技术广泛运用，是实现高质量发展的重要保证。大数据分析对我们深刻领会世情和国情、把握规律、实现科学发展、做出科学决策具有重要意义，我们必须重新认识数据的重要价值。为了开发大数据这一金矿，我们要做的工作还有很多。

既要鼓励面向群体、服务社会的数据挖掘，又要防止侵犯个体隐私；既要提倡数据共享，又要防止数据被滥用。此外，还需要界定数据挖掘、利用的权限和范围。大数据系统本身的安全性也是特别值得关注的。要注意技术安全性和管理制度安全性，防止信息被损坏、篡改、泄露或窃取，保护公民和国家的信息安全。

大数据时代呼唤创新型人才。中国是人才大国，目前能理解与应用大数据的创新人才仍显不足。大数据是新一代信息技术的集中反映，是应用驱动性很强的领域，是具有无穷潜力的新兴产业领域。我们要从战略上重视大数据的开发利用，重视相关人才的培养。

第二章

◆

国际理解教育的历史发展

开展国际教育援助，离不开国际理解教育。第二次世界大战结束后，为了重建世界，消除战争给人类带来的创伤以及民族之间的隔阂与仇恨，联合国教科文组织在 1953 年启动了"联系学校计划"，开展国际理解教育的实验。在新科技革命浪潮下，国际关系从竞争、冲突走向了一个竞争共存、合作发展的新阶段，经济全球化、相互依存和文化相对论是对这一阶段国际关系的理论描述。根植于国际关系的国际理解教育，就是上述三者在教育领域的反映和折射，体现了国际政治、经济与文化理论和教育援助实践的互动。在教育学界，学者们对国际理解教育的内涵、特征，国际理解教育产生和发展的历史过程，以及一些发达国家开展国际理解教育的实践进行了分析和研究，但是我们也注意到，其中有关国际理解教育兴起的背景研究较少，尤其从国际教育援助和人类命运共同体视角研究国际理解教育的就更少了。

任何事物的产生和发展都离不开一定的历史条件，也避免不了一条由小到大、从不成熟到成熟的循序渐进之路。国际理解教育的发展同样经历了一个相当长的过程。了解国际理解教育的产生和发展有助于我们加深对这个教育思潮和理论的理解与认识。列宁指出："不要忘记基本的历史联系，考察每个问题都要看某种现象在历史上怎样产生、在发展中经过了哪些主要阶段，并根据它的这种发展去考察这一事物现在是怎样的。"[1] 国际理解教育的发展既有延续性，又呈现出阶段性。我们根据国际理解教育在各个时期的发展特征和具体变化，特别是与国际教育援助发展的联系，把国际理解教育的发展大致分为三个阶段：产生和形成阶段、发展阶段、确立和巩固阶段。[2]

---

[1] 列宁. 论国家 [M]// 列宁. 列宁选集：第四卷. 北京：人民出版社，1972：43.
[2] 徐辉. 国际教育初探：比较教育的新进展 [M]. 成都：四川教育出版社，2001：1–37.

一、外援时代：产生和形成阶段（20 世纪 40 年代至 60 年代初）

现代意义上的国际理解教育发端于第二次世界大战以后。在历史上，许多学者都分析过古代世界各国间的文化和教育交流，或论述过教育中的国际主义。如古希腊历史学家希罗多德在论述波斯战争的历史时提供了某些关于希腊人和外国人交往的文化资料；托太哈（K. A. Totah）在《回教教育史》一书中高度评价了伊斯兰教教育在古代东西方教育交流中的地位和作用；夸美纽斯（J. A. Comenius）以泛智主义为基础初步表达了教育中的国际主义；巴西多（J. Basedow）竭力倡导泛爱主义的国际和平教育。然而，这些都不属于现代意义的国际理解教育。一则，古代各国的文化教育交流规模较小，不具备普遍意义；二则，当时的教育交流还受到交通、通信的阻碍，大多是地区性和单向性的；三则，交流普遍是为了个别国家的富强，不具备相互依存、共同发展的全球意识。夸美纽斯、巴西多等所表述的教育中的国际主义实际上是一种教育的大同理想，或者说是一种空想，缺乏产生国际理解教育的现实因素。

这一时期国际教育援助刚刚起步，以经济援助为主，也包括少量教育援助项目。早在"二战"以前，欧美一些四年制本科院校就率先规定，其学生应有一个学期在国外学习，并把这一外国学习计划作为四年制培养计划的必要部分，定有严格的学术标准。[①] 尽管这一举措在当时未能产生重大反响，但是它在现代国际理解教育发展史上占有重要的历史地位。20 世纪 30 年代后期，美国有高校开设了外国区域研究讲座和区域研究计划。当时从事这类研究或教学的主要是一些牧师、教士和驻外使节及其子弟。因为这些人是为数极少的在国外驻留，尤其是在非西方社会生活过并懂得当地语

---

① GREENFIELD R K. Developing international education programs, number 70 [M]. San Francisco: Jossey-Bass, 1990: 6.

言的人。他们对现代国际理解教育中的外国区域研究贡献极大。

20世纪40年代中期，针对现代科学技术的发展和世界面临的重大冲突、矛盾，康德尔（I. L. Kandel）发表了《理智的合作：国家与国际》(*Intellectual Cooperation: National and International*, 1943)，里德（H. Read）发表了《和平教育》(*Education for Peace*, 1949)，提出了一种崭新的国际教育观。他们理解的国际理解教育是在人们普遍承认的基础上，以多样化的人人共存为目标的。这种教育的目的（或宗旨）在于培养合理的批判力和判断能力，以及培养对他人和不同性质事物的宽容心和同理心。这可视为现代国际理解教育理论的先声。① "二战"刚一结束，美国政府就通过了"富布赖特法案"（Fulbright Act, 1946），规定把美国在海外的剩余财产（主要是"二战"结束时的战争物资）用作美国学生和教授在国外讲学或研究的基金。法案还规定设立奖学金计划，支持外国学生和学者到美国学习和从事研究活动。② 1949年，美国又颁布了"史密斯-蒙特法案"（Smith-Mundt Act），这是第一个有关全球学术交流和教育交流项目的法案。该法案强调"为了促进更好地了解美国，为了促进全人类的相互理解，应该成立各国开展合作的教育交流服务机构，其服务范围主要包括：(1)人员的交流；(2)提供技术及其他服务；(3)交流在教育、艺术和科学方面的发展成果"；等等。③ 国际理解教育实践初露端倪。

然而，在"二战"中暴露出的缺乏外国语言、文化、军事、政治方面专家，以及战后两大国际阵营的形成与对立，迫使欧美国家重新审视国际关系研究和区域问题。卡内基基金会和洛克菲勒基金会是最早提倡并资助这类研究的"领头羊"。福特基金会介入稍晚，但规模和贡献最大。上述机构的活动无疑为国际理解教育的发展提供了经济方面的动力。

鉴于"二战"给人类带来的巨大痛苦和灾难，为了增强国际合作和理

---

① 冲原丰. 比较教育学新论 [M]. 吴自强，编译. 南昌：江西教育出版社，1986：138.
② PAGE G T, THOMAS J B. International dictionary of education [M]. Cambridge: MIT Press, 1979: 142.
③ GREENFIELD R K. Developing international education programs, number 70 [M]. San Francisco: Jossey-Bass, 1990: 7.

解，1953年联合国教科文组织主持实施了"联系学校计划"，明确提出在世界范围内实施"国际理解教育"。这是国际教育发展史上具有里程碑意义的重大事件。"联系学校计划"背后的动因是"二战"后人们希望给予年青一代"国际理解、人权和和平"的教育，但其主题很快聚焦、演变，并被冠以"国际理解教育"之名。该计划的宗旨是：（1）扩大世界性问题和全球合作的知识；（2）通过学习不同国家、不同人民的文化，形成国际理解；（3）增进人权知识，遵守人权的基本原则；（4）高度评价并大力支持联合国在世界和平、友谊和进步方面所做的巨大努力。"联系学校计划"的发展是稳步前进的，1953年发端时仅有16个国家的33所学校参加，到如今已有182个国家的1.2万余所学校参加了该计划。

在理论方面，1955年，康德尔发表了《教育的国家主义侧面与国际主义侧面》（National and International Aspects of Education）一文，再次深入阐述了自己的国际理解教育思想。他认为教育的国家主义和国际主义是教育自身的内在属性，二者的方向不同，但并不相互排斥。这两个方向（或维度）的作用不同。20世纪以前，教育的国家主义维度占优势，它完成了自己特定的历史使命。20世纪以后，教育的国际主义思潮逐渐扩大，并成为教育的主流。他指出："我们不用担心爱国主义的教育和忠诚于民族的教育将受到影响。但是这将是一种新的忠诚和爱国主义。发展人的国际意识并不意味着抛弃国家的意识。如果这种国际意识有什么意义的话，那它只能是个人对自己祖国在整个世界社会中的地位的意识，以及他的祖国能为世界社会所做贡献的意识，而整个世界的生存则取决于保持和平和消除战争。"[1]

同年，汉斯（N. Hans）撰写了《民族主义和国际主义》（Nationalism and Internationalism）一文，继续阐述康德尔的国际理解教育思想。他在题目注释中明确指出，文章的主题就是发展康德尔的国际理解教育思想。在这篇文章里，汉斯不仅论述了"国际"一词的起源和内涵、"民族"一词

---

[1] KANDEL I L. National and international aspects of education [J]. International Review of Education, 1955, 1(1): 5–17.

的内涵，而且论证了民族主义与国际主义的共同性、一致性。他告诫人们不要简单地把民族主义和国际主义从字面上对立起来，而应深刻理解民族主义和国际主义的内涵。汉斯认为，民族主义并不意味着对别的民族和国家的敌视、仇视和欺压，或割断自己与其他民族的联系，国际主义也不是"无根的宇宙主义"（rootless cosmopolitan），国际主义者既热爱自己的祖国、语言、文化和传统，也尊重、理解别国的语言、文化和传统。民族主义只是在 19 世纪后半期和 20 世纪才打上了狭隘和侵略的烙印。仅有民族主义而没有国际主义，我们生活的世界将失去平衡。国际主义可说是民族主义的补充和发展。最后，汉斯分析了民族主义和国际主义在教育中的意义。他说："教育的目的是把个体培养成为独立存在的人，他自由地、自愿地接受社会赋予他的责任。这种人不是通过向'空白的心灵'灌输内容而培养的，而是把个体特殊性格作为发展的起点，经过长期地、自然地培养而得到的。同样，各个民族作为历史发展的结果，形成了自己的语言、哲学、宗教和道德。承担教育责任的国际主义者应该清醒地从这个现实出发，并以此为基础，有意识地建立一个高级的国际社会。"[1] 康德尔、汉斯的这两篇著名论文为现代国际理解教育奠定了坚实的理论基础。

由于战后外国讲学、外国学习的开展，国外区域研究和国际问题研究的出现，"联系学校计划"的实施以及欧美一些国家支持国际教育交流与合作的法案陆续颁布，国际理解教育获得了更多、更明显的外部特征和经验性特征，国际理解教育开始赢得越来越多的学者的兴趣和认同，并作为一个单独的研究领域从众多的国际研究问题中分离出来。

二、发展援助时代：发展阶段（20 世纪 60 年代中期至 70 年代末）

由于"外援"比较注重经济发展，注重"输入"，这种援助模式在 20

---

[1] HANS N. Nationalism and internationalism [J]. International Review of Education, 1955, 1(2): 144—153.

世纪60年代以后受到有识之士的批评。因此，这一时期国际教育援助开始走出外援的窠臼，注重受援国人力资源开发和能力建设，国际教育援助进入发展援助时代。1961年，美国根据肯尼迪（J. F. Kennedy）总统的建议，通过了"和平队法"，成立了由具有专业技能的志愿者组成的，到国外尤其是到发展中国家进行援助的和平队（Peace Corps），其目标是"增进国际和平和友谊"，"帮助所在国满足对专业人才的需要，促进当地人民对美国人民的了解以及美国人民对所在国人民的了解"，服务领域主要是农业、教育、卫生、经济和社区发展等。尽管和平队主要是为美国在发展中国家执行其外交政策服务，从根本上看，它带有某种政治色彩，甚至发生过收集别国情报、干涉别国内政的事，但是在实践中，它也为国际教育援助积累了一些可以借鉴的经验。

贝雷迪（G. Z. F. Bereday）和劳韦里斯（J. A. Lauwerys）主编的《1964年教育年鉴》（*The 1964 Yearbook of Education*）集中讨论了教育与国际生活。在该书中，来自南非、法国、澳大利亚、俄罗斯、美国、英国、联合国教科文组织、欧洲议会以及其他机构的代表回顾了"二战"以后教育与国际生活的关系，特别评论了国际教育的发展。该书最后一章介绍并分析了一种新型学校——国际学校，即专门实施国际教育的学校。这是在学术上较早且较为明确地提出"国际学校"的概念并分析它与国际教育关系的实例。实际上，国际教育和国际教育的组织早已产生。国际学校联合会（The International Schools Association）成立于1951年。1965年，欧洲国际学校协会（European Council of International Schools）成立。国际学校和国际学校组织网络的出现是国际理解教育发展史上的又一重大事件，它意味着国际教育从此不再是建立在理想之上的空中楼阁，而是业已产生的客观现实。国际学校不仅给予国际理解教育可靠的实施依托，而且从组织上把国际理解教育与一般教育区别开来。

20世纪60年代也是国际和平教育蓬勃发展的时期。国际和平研究会（The International Peace Research Association，简称IPRA）成立于1964年，前身是和平教育委员会（Peace Education Commission，简称PEC），它的目的是开展和平的条件、环境以及战争等暴力形式的根源的跨学科研究。它鼓励各国开展世界和平的教学和科研。国际和平研究会有一系列的工作小组，围绕与和平有关的重大问题展开研究，如通信、生态安全、非暴力、和平运动、妇女与和平、发展与人权、防务与裁军、中东和平进程、难民问题、宗教与冲突等等。国际和平研究会活动的指导原则是联合国宪章和联合国教科文组织的建议。该会拥有大量从事不同层次、不同类型的国际教育研究的专家、学者，还编有《国际和平研究通讯》（*International Peace Research Newsletter*）。

与此同时，国际理解教育领域中的合作形式也显现出多样化的特点，许多地区组织了地区教育部长会议。如 1960 年在卡拉奇举行了亚洲教育部长会议，随后的两年内，阿拉伯国家、非洲和拉丁美洲也召开了此类会议，到 1967 年欧洲各国教育部长会议首次召开时，这种地区性会议已举行了一个循环。为了推动某些特殊领域的国际合作，各地区还建立了相应的机构。如 1961 年在曼谷成立了联合国教科文组织的亚洲办事处，1963 年在贝鲁特成立了阿拉伯国家办事处，1964 年在哈瓦那成立了美洲办事处，1970 年在达喀尔成立了非洲办事处。在国际社会援助联合国教科文组织会员国的计划中，20 世纪 60 年代的"援助"，到 20 世纪 70 年代已逐渐改称为"合作"。[1]

1966 年，美国颁布了第一个直接以"国际教育"命名的法案——《国际教育法案》（The International Education Act of 1966）。实际上，这是世界上首个以国家名义颁布的国际教育法规。1965 年，当时的美国总统约翰逊（Lyndon Baines Johnson）在纪念英国著名化学家及矿物学家史密森（James Smithson, 1765—1829）诞辰两百周年的集会上就提出了国际教育的初步构想。他指出："知识的增长和传播是每个追求自由的国度的首要任务……。今天我们认识到某些真理是自明的。如思想，而不是军备，形成我们对和

---

[1] HUSEN T, POSTLETHWAITE T N. The international encyclopedia of education [M]. Oxford: Pergamon Press, 1985: 5341.

平永久的期望；学校教学内容的影响并不比我们的外交政策来得慢；我国公民的知识是一笔重要的财富，这种知识只有被共享时才会增长。"①1966年2月2日，为了敦促国会尽早通过已提出的《国际教育法案》，约翰逊总统专门致信国会，在信中他简要分析了国际教育的必要性、紧迫性和可能性，然后详细论述了美国在国际教育中应开展的工作。主要内容如下："第一，加强我国开展国际教育的能力：(1) 在健康、教育和福利部建立教育合作中心；(2) 成立一个国际教育委员会；(3) 在中小学开发国际研究的新课程等。第二，鼓励与外国开展师生交流：(1) 鼓励发展校际交流；(2) 建立交流和平队（Exchange Peace Corps）；(3) 建立一个美国教育接受服务机构。第三，帮助发展中国家发展教育：(1) 扩大教育援助；(2) 开发基础教育的教学和扫盲教育的新技术；(3) 援助英语海外教学；(4) 建立双边教育基金。第四，建立国际理解新途径：(1) 组织专家和领导者会议；(2) 增加图书和其他教育资料的交流；(3) 提高美国海外学校和大学的质量等。"②

1966年10月29日，《国际教育法案》正式通过。该法案正文虽然只有三款："授权开展高级和本科阶段的国际研究""对其他法案的修订""健康、教育和福利部的研究"，③ 但其内容十分具体、丰富，对国际教育的实施途径、咨询机构、管理、财政支持、期刊出版等方面都做了明确的规定，开创了国际理解教育立法的先例。

1968年12月17日，第23届联合国大会通过决议，把1970年定为国际教育年。同年，联合国教科文组织第15届大会通过了关于国际教育年的三项决议，提出会员国应在成人扫盲、妇女受教育机会均等、高等和中等教育民主化、普通教育和职业技术教育适应当代世界需要、发展教育研究、一体化终身教育、道德教育和国际理解教育等12个领域广泛开展活动，推

---

① VESTAL T M, LEESTMA R. International education: its history and promise for today [M]. Westport: Praeger, 1994: 150.
② 同① 187—195.
③ 同① 198—207.

动了国际理解教育的完善和发展。

当然，国际理解教育的发展也不是一帆风顺的。20世纪70年代初期，由于世界石油危机造成西方许多国家通货膨胀、经济停滞不前，加之美国由于越南战争而内外交困，人们普遍对介入国际事务很冷淡，对国内问题的关注普遍超过了对国际问题的关注。国际理解教育也出现了明显的衰退迹象。1960年，美国大学生中选修外语课程的人数占17%，而到了1977年，这个比例却降为8%；1966年，美国89%的学院和大学要求学生必须学习外国语，到了1974年，这个比例降为53%；在20世纪60年代中期，美国每年有800—900名学生获得国际教育机构（富布赖特和其他机构）提供的研究生层次的奖学金，但到20世纪70年代中期，这个数字为每年350名。①

尽管如此，国际理解教育从整体上看是稳步发展的（这并不排除某些方面的曲折甚至倒退）。根据联合国教科文组织的统计资料，1972年，全世界中等后教育在校生中有500 593人在国外学习，占总数的1.82%。根据美国1975年的普查，美国共有外国学生219 721名，占美国同期大学生总数的2.9%。联邦德国1975年有外国大学生35 000名，占总数的6.9%。从国际合作与援助的角度看，也有规模扩大的趋势。

1974年，在巴黎召开的第18届联合国教科文组织大会通过了《关于促进国际了解、合作与和平的教育以及关于人权与基本自由的教育的建议书》。这是国际社会为了加强和实施国际教育而采取的又一重大举措。该建议书认为下列目标和内容是各国制定教育政策的基本出发点：

(1) 各级各类教育的国际维度和全球意识；

(2) 对各民族、不同的文化和文明、不同的价值观和生活方式的理解与尊重；

(3) 对各国和各民族之间不断增长的全球性相互依赖的意识；

---

① BURN B. Expanding the international dimension of higher education [M]. San Francisco: Jossey-Bass, 1980: xxiv.

（4）与他人交流的能力；

（5）对个体之间、社会群体之间、国家之间既拥有权利又承担一定责任和义务的意识；

（6）理解国际团结和国际合作的必要性；

（7）为个体参与解决社会问题、国际问题乃至世界问题做好准备。

在冷战结束前，1974年的建议书被人们视为联系东西方和南北国家文化与教育交流的手段和途径。

随着国际理解教育的发展，到20世纪70年代，建立国际教育的统一标准，以使各国教育之间能够进行比较已成为刻不容缓的工作。实际上，比较教育领域的标准化问题出现得更早。在这个领域发展起来的两项主要措施是1958年联合国教科文组织大会通过的《关于国际教育统计标准化的建议》（Recommendation Concerning the International Standardization of Education Statistics）和1975年国际教育会议通过的《国际教育标准分类》（International Standard Classification of Education，简称ISCED）。1978年，联合国教科文组织对1958年的建议进行了修订，使之与《国际教育标准分类》相一致。

《关于国际教育统计标准化的建议》主要内容如下：有关文盲的统计资料；有关全体居民中受教育者的统计资料；有关入学人数、教师、教育机构的统计资料；有关教育经费的统计资料。该建议的采用是一个漫长的过程，各国对此反应不一。在这个过程中，联合国教科文组织每年进行的统计资料问卷调查为报告国际性可比资料提供了必要的框架和内容。许多国家也准备了专门的手册，将本国的教育系统同国际教育系统联系起来。

《国际教育标准分类》则是一种适合于收集、编撰、提供一国或数国的教育统计资料的工具。人们希望它推动收集和比较各国教育统计资料，促进这些统计资料的应用，及同研究人员和其他经济统计资料的协作。这一分类标准实质上还是一部教育规划工具书，它可用来收集有关当前教育现象的资料，如在校人数、教职员人数、财政经费，以及通过人口普查途径得到的有关受教育者的统计资料，在这一系统中可以收集到教育系统和教育过程各个方面的可比性资料。《国际教育标准分类》内容包括正规教育、特殊教育、成人教育3大类，8个教育水平、21个领域、518个教育计划的标准和定义。

从20世纪60年代中期起，由于教育界、学术界对国际理解教育兴趣的急剧增长，教育领域的专家、学者，尤其是从事比较教育工作的学者开始了对国际教育的反思，形成了国际教育的理论研究。如贝雷迪和劳韦里斯于1964年发表了以教育与国际生活为主题的《1964年教育年鉴》、汤普生（K. W. Thompson）和弗雷泽（S. E. Fraser）1965年发表了《政府政策与国际教育》（Governmental Policy and International Education）、罗伯特（L. J. Robert）1969年发表了《国际学校及其在国际教育中的地位和作用》（International Schools and Their Role in the Field of International Education）、大卫（G. S. David）和希尔兹（J. J. Shields）1968年发表了《国际教育中的问题和前景》（Problems and Prospects in International Education），还包括大量学术论文。上述研究分析了正在成为一个专门研究领域的国际教育的地位、意义以及与比较教育的关系，论述了一种新型的学校——国际学校，阐明了政府对国际理解教育应持的态度，剖析了国际理解教育的挑战、问题及前景，从各个方面对国际教育进行了全方位的深入研究。这对国际理解教育日后的发展大有裨益。在国际理解教育的理论研究中，引入了众多的对现代国际理解教育发展影响较大的理论，如世界体系论、现代化理论、发展理论、依附论以及后现代主义理论。

三、内源发展时代：确立和巩固阶段（20世纪80年代至今）

20世纪80年代以后，随着联合国"内源发展战略"倡议的广泛传播和国际社会认可，国际教育援助进入了内源发展阶段，国际理解教育进入了它的确立和巩固时期。正如巴巴拉·伯恩（Barbara Burn）指出："同过去一样，今天的国际教育是由国际社会的变化及美国在其中所处的相对地位决定的。国际上的这些变化是所有国家的相互依赖的增长，国际舞台上出现了一些新角色，跨文化联系日益增强的前景……"①

国际理解教育在20世纪80年代以后的发展可用三个词来概括：合作、交流和发展。这三个方面侧重点不同，但同时又是相互联系、互有重叠的，目标也是基本一致的。从表现形式上看可分为三类活动：涉及学生、教师和专家的学术交流计划；为交流思想和经验而组织的国际教育合作，包括国际会议、研讨班和现场调研活动；以发展的名义，包括专家和技术人员以及传播知识和技术在内的技术援助项目。

1983年，联合国教科文组织召开了与人权和自由有关的国际理解教育、合作与和平教育的政府间会议。这次大会实际上是一系列旨在实施1974年建议书的地区会议的总结。会上，代表们深入讨论了国际理解教育的一般作用、它可能达到的目的，以及它达到目的的方法、途径，讨论了中小学校、大学以及其他机构的教育影响等。大会对阻扰国际理解教育的因素，如政府的政策、种族仇恨等也给予了关注。代表们一致认为，为实现联合国教科文组织1974年建议书而采取有效的研究、实验和行动是非常重要的。

1985年，联合国教科文组织第23届大会通过了发展国际理解教育、合作与和平教育作为全面实现1974年建议书新途径的十年规划。这个规划具体包括：为双边和多边的教材研究机构提供技术和资金援助，这些机构主要对历史、地理、文学和社会科学的教材进行咨询；对联合国教科文组织的课程实验予以资助；要求国际和地区组织、教育机构，特别是联系学校（大学）对该规划的实施做出贡献，并向规划委员会报告自己的工作和经验。

20世纪80年代后国际教育援助也获得了新的发展，教育援助出现了新的特征。教育援助逐渐转向规划教育改革、改革教育观念以促进欠发达国家的发展和现代化，在形式上也披上合作的色彩。国际援助仅仅依靠援助

---

① BURN B. Expanding the international dimension of higher education [M]. San Francisco: Jossey-Bass, 1980: 6.

国单方面的力量是不够的，基金会的援助力量也是有限的。东道国民族独立意识日益增强，要求平等地交流与合作。这两方面的因素均要求双方政府携手合作，共同为落后国家和地区的发展而努力。

这一时期的教育援助形式多样，包括如下内容：

（1）建立跨国工读计划，援助他国的学校或学生完成高水平的项目或学业。这是由一些国际组织与高校联袂安排的工读计划。如卡尔·杜斯伯格协会美国分会（The American Division of the Carl Duisberg Society）与美国20余所高校合作，为德国工、农、商等领域的大学生到美国工读提供机会。

（2）与外国院校或其他教学、科研机构建立姊妹关系，互相支持，也是一种互惠的援助。如联合国教科文组织的"姊妹大学"项目，它的宗旨是：进一步推动工业化国家和发展中国家之间及发展中国家之间高等教育机构的牵手和其他的联结安排，并帮助建立其标准与规范；加强各地区和地区间高等教育与研究机构的现有合作网络。其活动包括为高等教育网络及类似联结安排提供资助、设立联合国教科文组织的教席、促进高等教育管理与高等院校工作人员发展等。

（3）设立海外分校。如斯坦福大学在澳大利亚、英国、法国、德国和意大利等设立了分校。分校的基本设施，特别是教学、科研方面的资料、器材由斯坦福大学援助。这期间，美国还扩充了在日本、马来西亚的分校或教学与科研机构。日本在海外建立分校也尤其积极。建立分校的目的一方面是服务于本国在外学习的学生，另一方面也接纳当地的学生或其他国际学生，为本国教育、文化与他国的交流、合作服务。[1]

（4）地区性援助计划。如美国国际开发署（U.S. Agency for International Development）资助的中美洲学者基金项目（Central American Scholarship Programme）、中美洲和平学术研究（Central American Peace Scholarship）计

---

[1] CHAMBERS G, CUMMINGS W. Profiting from education: Japan-United States international ventures in the 1980s [M]. New York: Institute of International Education, 1990.

划，专门用来资助经济困难的中美洲学生，为他们在美国学习提供全额奖学金。

国际学校在 20 世纪 80 年代实现了突破性进展。据欧洲国际学校协会公布的材料，1990 年该机构拥有 290 所中小学会员，分布在 70 多个国家和地区，在校学生超过 6 万人。同时，一大批学院、综合大学、出版商、教育装备制造商以及其他教育组织也加入了该协会。国际学校的种类发生了变化，出现了海外国民学校、国立著名学校建立的国际学校分部、独立学校、招生有严格限制的多国学校以及大公司或宗教机构开办的学校等等。

对国际理解教育的研究在深度、广度方面也取得了长足的进展，使国际理解教育的内涵更为明确、突出，外延更为明晰、广阔，理论性也更强，涌现了一大批著名的国际教育的理论家，如胡森（T. Husen）、波斯特尔斯韦特（T. N. Postlethwaite）、胡朴斯（D. S. Hoopes）、古德温（C. D. Goodwin）、科尔（C. Kerr）、阿诺夫（R. F. Arnove）、阿特巴赫（P. G. Altbach）、卡扎米亚斯（A. M. Kazamias）、爱泼斯坦（E. H. Epstein）、班克斯（J. A. Banks）、林奇（J. Lynch）等，产生了相当多的国际理解教育专著，如《南北学术交流：途径、公正与合作》（*North-South Scholarly Exchange: Access, Equity and Collaboration*）、《国际教育：过去的历史与今日的希望》（*International Education: Its History and Promise for Today*）、《一体化欧洲里的教育》（*Education in a Single Europe*）、《国际经验对学校的意义》（*The Meaning of International Experience for Schools*）、《海外教育：国际教育的学校》（*Teaching Abroad: Institute of International Education*）、《跨越疆界的学校：世界联合学校与国际普通中等教育结业证书》（*Schools Across Frontiers: The Story of the International Baccalaureate and the United World College*）、《全球教师、全球学生》（*Global Teacher, Global Learner*）等等。这些学者及其著作较为详细地分析和评论了国际教育产生的历史背景，对国际教育自身的历史、活动，尤其是它内部的重大问题和面临的挑战，进行了比较深入的研究，使国际教育在理论上自成体系，为国际教育理论流派确立并从比较教育中独立出来奠定了基础。

第三章

国际理解教育的理论基础

通过对国际理解教育产生和发展的历史的考察，不难发现，国际理解教育是当代全球教育的核心价值取向。根据联合国教科文组织的解释，"国际理解、合作、和平"是一个基于"具有不同社会、经济、政治和文化体制的民族或国家之间的友好关系"这一基本原则并基于"尊重人权和基本自由"的一个不可分割的整体。① 据此，国际理解教育可以概括为：世界各国在国际社会组织的倡导下，以"国际理解、合作、和平"为基本价值取向而展开的教育活动。其目的在于，不断增进不同文化背景、种族、宗教信仰和不同区域、国家、地区的人们之间的相互了解和宽容，加强他们之间的相互合作，以便共同认识和处理全球社会存在的共同问题；促进每一个人都能够通过对世界的进一步认识来了解自己和他人，将事实上的相互依赖变为有意识的团结互助。② 可以说，国际理解教育是人类进入全球社会转型发展时期呈现出来的一种全新的教育理念，是在交织着冲突、发展、困惑、忧虑和希望的社会背景下产生和发展的。国际理解教育有其深厚的理论基础，主要包括人类命运共同体理论、经济全球化理论、相互依存理论和文化相对理论等。

一、人类命运共同体理论与国际理解教育

2012年11月8日，党的十八大报告首次提出了"人类命运共同体"的概念，报告指出，"我们主张，在国际关系中弘扬平等互信、包容互鉴、合作共赢的精神，共同维护国际公平正义。平等互信，就是要遵循联合国宪章宗旨和原则，坚持国家不分大小、强弱、贫富一律平等，推动国际关系民主化，尊重主权，共享安全，维护世界和平稳定。包容互鉴，就是要尊

---

① MARTÍNEZ DE MORENTIN DE GOÑI J I. What is international education? UNESCO answers [M]. San Sebastián: Centro UNESCO de San Sebastián (Spain), 2004: 11.
② 联合国教科文组织. 教育：财富蕴藏其中 [M]. 联合国教科文组织总部中文科，译. 北京：教育科学出版社，1996：34.

重世界文明多样性、发展道路多样化，尊重和维护各国人民自主选择社会制度和发展道路的权利，相互借鉴，取长补短，推动人类文明进步。合作共赢，就是要倡导人类命运共同体意识，在追求本国利益时兼顾他国合理关切，在谋求本国发展中促进各国共同发展，建立更加平等均衡的新型全球发展伙伴关系，同舟共济，权责共担，增进人类共同利益。"这是中国共产党在重要文件中第一次表述人类命运共同体。

2013年3月，习近平在莫斯科国际关系学院发表题为《顺应时代前进潮流，促进世界和平发展》演讲，再次论述了这个概念："这个世界，各国相互联系、相互依存的程度空前加深，人类生活在同一个地球村里，生活在历史和现实交汇的同一个时空里，越来越成为你中有我、我中有你的命运共同体。"[①]

2015年9月28日，习近平在美国纽约联合国总部举行的第七十届联合国大会一般性辩论中正式向世界表达了构建人类命运共同体思想。他指出，"'大道之行也，天下为公。'和平、发展、公平、正义、民主、自由，是全人类的共同价值，也是联合国的崇高目标。目标远未完成，我们仍须努力。当今世界，各国相互依存、休戚与共。我们要继承和弘扬联合国宪章的宗旨和原则，构建以合作共赢为核心的新型国际关系，打造人类命运共同体。"[②]

2017年，习近平在党的十九大报告中强调："构建人类命运共同体，建设持久和平、普遍安全、共同繁荣、开放包容、清洁美丽的世界。"

2018年3月11日，第十三届全国人民代表大会第一次会议通过宪法修正案，将宪法序言第十二自然段中"发展同各国的外交关系和经济、文化的交流"修改为"发展同各国的外交关系和经济、文化交流，推动构建人类命运共同体"。

2019年5月15日，习近平在亚洲文明对话大会开幕式上的主旨演讲指出，文明因多样而交流，因交流而互鉴，因互鉴而发展。我们要加强世界

---

① 习近平. 论坚持推动构建人类命运共同体[M]. 北京：中央文献出版社，2018：5.
② 同① 253—254.

上不同国家、不同民族、不同文化的交流互鉴，夯实共建亚洲命运共同体、人类命运共同体的人文基础①。这里，习近平进一步详细论述了从区域共同体到全球共同体的实践过程。总之，人类命运共同体指在追求本国利益时兼顾他国合理关切，在谋求本国发展中促进各国共同发展，是习近平和中国政府反复强调的关于人类社会发展的新理念。

（一）人类命运共同体的思想渊源

共同体（community）是人们在共同环境中结成的集体。自 1887 年德国社会学家滕尼斯（F. Tönnies）在其著作《共同体与社会：纯粹社会学的基本概念》中首次提出"共同体"这一概念以来，"共同体"便在多个领域得到发展，如利益共同体、经济共同体、政治共同体、区域共同体等。关于共同体的含义，学者们见仁见智，众说纷纭。有学者认为人类社会的发展史就是"共同体"的发展史。张康之、张乾友认为，在人类历史的不同阶段，共同体的形式和性质是不一样的。在农业社会的历史阶段，人类共同体的形式属于家元共同体的范畴，在工业化过程中，人类建构了族阈共同体，全球化和后工业社会预示着合作共同体的生成。②正如贝尔（C. Bell）和纽拜（H. Newby）所言："什么是共同体？我们将看到，可以解析出超过 90 个共同体的定义，而它们之中的唯一共同要素就是人。"③

滕尼斯认为，人类社会可分为两种类型——"共同体"和"社会"，共同体意指一种"亲密的、单纯的共同生活"，"社会"则是一个机械的有目的的"结合或人工制品"。人类社会的发展正是从原始的"共产主义"到"个人主义"再到"社会主义"。人类的共同体包括血缘共同体、地缘共同体和精神共同体。"血缘共同体作为行为的统一体发展为和分离为地缘共同

---

① 习近平. 深化文明交流互鉴 共建亚洲命运共同体：在亚洲文明对话大会开幕式上的主旨演讲 [N]. 人民日报, 2019-05-16（2）.
② 张康之, 张乾友. 共同体的进化 [M]. 北京：中国社会科学出版社, 2012：1.
③ BELL C, NEWBY H. Community studies: an introduction to the sociology of the local community [M]. London: Routledge, 1971: 15.

体,地缘共同体直接表现为居住在一起,而地缘共同体又发展为精神共同体,作为在相同的方向和相同的意向上的纯粹的相互作用和支配。"① 共同体的核心是"人的一种完善的统一体",即"相互之间的-共同的、有约束力的思想信念,这里应该被理解为默认一致",是"和睦或家庭精神","是相互的占有和享受"②。"共同体"区别于"社会"的最根本之处在于:"共同体是持久的和真正的共同生活,社会只不过是一种暂时的和表面的共同生活。因此,共同体本身应该被理解为一种生机勃勃的有机体,而社会应该被理解为一种机械的聚合和人工制品。"③ 显然,"共同生活""共同的思想信念""和睦""默认一致""有约束力的行为""法的精神"是"共同体"的基本内涵和特征,"人类命运共同体"也同样如此。

德兰蒂(G. Delanty)发展了共同体理论,他认为,共同体"实际上指称一种特殊的社会现象,又指称一种关于归属的观念,它表达的是对意义、团结和集体行动的寻求"④。他总结指出:"共同体一直建立在种族、宗教、阶级或政治的基础上。它们也许是大型的,也许是小型的;维系它们的附属关系也许是淡薄的,也许是深厚的;它们也许以地方为基础,也许是在全球层面上被组织起来;它们与现存秩序之间的关系也许是积极的,也许是颠覆性的;它们也许是传统的、现代的,甚至是后现代的;它们也许趋于反动,也许趋于进步。"⑤

伊兹欧尼(A. Etzioni)提出了独特的"回应性共同体"的理论,他认为,共同体包括三个基本特征:一个共同体需要一个人们彼此之间能够影响且能相互促进的关系网。共同体需要信奉一系列共同的价值、规范、意义,以及共同的历史与认同,简言之,一种特殊的文化。它具有较高度的回应性,这个特征排除了那些对其成员实施压迫的社会实体;那些只回应

---

① 滕尼斯. 共同体与社会:纯粹社会学的基本概念[M]. 林荣远,译. 北京:商务印书馆,1999:65.
② 同① 71-76.
③ 同① 54.
④ DELANTY G. Community [M]. London: Routledge, 2003: 3.
⑤ 同④ 2.

某些成员或亚群体而不是所有人的共同体，是不完全的共同体；那些回应成员虚假而非真实需要的共同体，也不是真正的共同体。① 他得出共同体的"反相共生关系"。第一，所有社会实体都会受到向心力和离心力的支配，而共同体的社会结构能保护共同体不被任何一种力量推动失去平衡。第二，基本的向心力与离心力进行着持续不断的竞争，并将共同体拉向相反的方向。向心力拉向更高程度的服务、控制与动员性，离心力则拉向更高程度的差异化、个体化、自我表现与亚群体自由。第三，也是最重要的一点，真正的共同体要求这两种基本力量处于平衡状态，而反对任何一种力量占据绝对的优势地位。②

安德森（B. Anderson）从民族属性和民族主义视角论述了共同体。他认为，民族主义和爱国主义是"共同体"的基本特征，自 18 世纪以来，民族主义经历了四个发展阶段，形成了不同性质的共同体。他首先为"民族"下了一个定义：它是一种想象的政治共同体，而且，它被想象为本质上是有限的，同时也享有主权的共同体。③ 安德森认为，西方主流学术界把西欧视为民族主义的发源地是错误的，18 世纪末、19 世纪初南北美洲的殖民地独立运动是民族主义的第一阶段。第二阶段是 1820 年以后出现在欧洲的民族主义，是一个"多重因素汇聚"的"群众性的语言民族主义"，促进了民族语言的诞生和成熟。第三阶段是 19 世纪中叶在欧洲出现的"官方民族主义"，这是欧洲各国王室为了减少第二阶段群众性民族主义的影响，保持自己的传统利益，与新兴资产阶级掌权派勾连产生的民族主义，也即帝国主义，它以欧洲国家的王室成员和官员为代表。第四阶段是第一次世界大战后的亚非殖民地民族主义，帝国主义的殖民政府通过殖民教育培养了一批通晓双语的殖民地精英，他们既是对官方民族主义的反叛，同时也是对前

---

① 李义天. 共同体与政治团结 [M]. 北京：社会科学文献出版社，2011：43.
② 同① 46.
③ 安德森. 想象的共同体：民族主义的起源与散布 [M]. 吴叡人，译. 上海：上海人民出版社，2005：8.

三个阶段民族主义的模仿和盗版。① 安德森提出,"想象的共同体"不是虚幻的共同体,不是政客操纵人民的幻影,而是一种与历史文化变迁相关,根植于人类深层意识的心理的建构。"共同体的追寻"——寻找认同与故乡是人类本然的一部分,就像所有人类对理想社会的追求一样。②

在《生活于共同体之中——查尔斯·泰勒的政治哲学》一书中,韩升认为,共同体的观念最早见于古希腊,古希腊的城邦是最本源意义上的共同体。从词源上看,community 来源于希腊语 kotvwvia(拉丁文为 koinonia),表示一种具有共同利益诉求和伦理取向的群体生活方式。这种共同体观念的形成与古希腊人的"共餐制"有关。"共餐制"在古希腊特别是斯巴达、克里特等城邦较为流行,是一种以公众聚餐的方式来达到某种政治目标的制度。显然,共同体是一个历史悠久的观念。他指出,泰勒作为当代"共同体主义"思想的代表,其共同体思想更多的是与个体认同和意义归属结合在一起的,是在与"碎片化"相对的意义上使用的。对泰勒而言,共同体可视为一种能够促进幸福生活的美好社会图景或价值理想而起到示范性作用,所以,更为重要的是一种规范性的理解:共同体主义是一种依靠习俗、情感维系而非人为建构的意义聚合体,它提供支撑认同的道德框架和善的视野;共同体是一种由"有意义的他者"组成的对话存在,蕴含了一种对话双方的承认关系;共同体是一种自由的处境化,是拯救个人原子化自由和社会碎片化的出路;共同体是一种展示人的本质存在,恢复人类生活的丰富性和多样性,达到美好幸福的生活目的的场所。③ 我们身处在全球化的时代,泰勒(C. Taylor)、桑德尔(M. J. Sandel)、麦金泰尔(A. C. MacIntyre)等西方学者对于自由、民主、权利等政治哲学核心概念的反思,能够让我们深刻感受到人类必须加强沟通与协调,才能共同应对人类面临的困难与问题,我们必须生活在共同体之中。

---

① 安德森. 想象的共同体:民族主义的起源与散布 [M]. 吴叡人,译. 上海:上海人民出版社,2005:10—11.
② 同① 17.
③ 韩升. 生活于共同体之中:查尔斯·泰勒的政治哲学 [M]. 北京:中国社会科学出版社,2010:9.

综上所述,在哲学、社会学、政治学、人类学领域,上述思想在20世纪80年代形成了所谓的"共同体主义"(communitarianism),核心思想是强调"共同的生活地域""共同的伦理系统""共同的利益基础"和"共同的生存信念与价值取向"。无疑,它们是人类命运共同体的思想渊源。

马克思主义思想家对人类的发展、人类未来的世界同样进行了充分的论述,从不同视角、不同领域描绘了人类共同的未来。马克思、恩格斯在不同研究领域、不同研究对象、不同研究语境、不同研究背景中大量使用了"共同体"以及与之相关的"联合体"等概念。我们在《马克思恩格斯文集》(人民出版社2009年版)中,以"共同体""联合体"为关键词进行全文词频统计,结果是总计出现254次,单卷使用最多达116次,即第八卷。统计结果如表3-1所示。

表3-1 《马克思恩格斯文集》(人民出版社2009年版)中"共同体""联合体"词频

	共同体	联合体
第一卷	67	3
第二卷	0	4
第三卷	1	3
第四卷	4	3
第五卷	14	7
第六卷	0	0
第七卷	18	3
第八卷	109	7
第九卷	5	4
第十卷	1	1
总计	219	35

显而易见,众多思想家、哲学家在不同时期提出反思现代性以及与之相关的要求,重建共同体,这在一定程度上体现了他们对资本主义社会的不满,期望通过建立共同体来超越现存社会的弊端,建立理想的社会。

进入21世纪以来,中国开始注重人类命运共同体的构建。2004年,我国就提出应当构建中国与周边国家的"利益汇合点",表现出了利益共同体视角。2011年发布的《中国的和平发展》白皮书明确提出,"不同制度、不同类型、不同发展阶段的国家相互依存、利益交融,形成'你中有我、我中有你'的命运共同体。人类再也承受不起世界大战,大国全面冲突对抗只会造成两败俱伤"。白皮书还提出,"国际社会应该超越国际关系中陈旧的'零和博弈',超越危险的冷战、热战思维,超越曾把人类一次次拖入对抗和战乱的老路。要以命运共同体的新视角,以同舟共济、合作共赢的新理念,寻求多元文明交流互鉴的新局面,寻求人类共同利益和共同价值的新内涵,寻求各国合作应对多样化挑战和实现包容性发展的新道路"[①]。2012年党的十八大报告进一步强调了"人类命运共同体"意识。此后,"人类命运共同体"便成为我国外交话语体系中的高频词,成为中国对外政策的核心理念之一。

(二)人类命运共同体的内涵

人类命运共同体的内涵包含国际权力观、共同利益观、可持续发展观和全球治理观四个方面。

1. 国际权力观

不同国家和国家集团之间为争夺国际权力发生了数不清的战争与冲突。随着经济全球化深入发展,资本、技术、信息、人员跨国流动,国家之间处于相互依存的状态,一国经济目标能否实现与别国的经济波动有重大关联。各国在相互依存中形成了一种利益纽带,要实现自身利益就必须维护这条纽带,即现存的国际秩序。国家之间的权力分配未必要像过去那样通过战争等极端手段来实现,国家之间在经济上的相互依存有助于国际形势的缓和,各国可以通过国际体系和机制来维持、规范相互依存的关系,从而维护共同利益。

---

① 中华人民共和国国务院新闻办公室.《中国的和平发展》白皮书(全文)[EB/OL]. (2011-09-06) [2023-06-20]. https://www.gov.cn/jrzg/2011-09/06/content_1941204.htm.

人类社会是一个相互依存的共同体已经成为共识。1997年亚洲金融危机、2008年国际金融危机等事件，使国际社会相互依存现象具有了更加深刻的内涵。在经济全球化背景下，一国发生的危机通过全球化机制的传导，可以迅速波及全球，危及国际社会整体。面对这些危机，国际社会只能"同舟共济""共克时艰"。亚洲金融危机后中国通过宏观经济政策帮助东盟国家，2008年国际金融危机后二十国集团机制出现，都是国家之间在相互依存中通过国际机制建设应对国际危机的例证。可以设想，如果国家之间互不合作、以邻为壑、危机外嫁，这些危机完全可能像20世纪二三十年代的危机一样，引发冲突甚至战争，给人类社会带来严重灾难。

2. 共同利益观

"共同利益"的概念并非从来就有。欧洲君主制时期，国家利益就是君主个人或家族的利益。进入20世纪，国际社会的利益关系曾被描述为一种排他的零和关系，因此利益争夺引发战争是无法避免的。经济全球化促使人们对传统的国家利益观进行反思。瞬间万里、天涯咫尺的全球化传导机制把人类居住的星球变成了"地球村"，各国利益的高度交融使不同国家联结成为一个共同利益链条。任何一环出现问题，都可能导致全球利益链中断。互联网把各国空前紧密地连在一起，在世界任何一点发动网络攻击，看似无声无息，但给对象国经济社会带来的损失却有可能不亚于一场战争。气候变化带来的冰川融化、降水失调、海平面上升等问题，不仅给岛国带来灭顶之灾，也将给各大陆沿海地区和城市造成极大危害。面对资源短缺、环境污染、人口爆炸、恐怖主义等越来越多的全球性问题，任何国家都不可能独善其身；要想自己发展，必须让别人发展；要想自己安全，必须让别人安全；要想自己活得好，必须让别人活得好。

在这样的背景下，人们对共同利益也有了新的认识。既然人类已经处在"地球村"中，那么各国公民同时也就是地球公民，全球的利益同时也就是自己的利益，一个国家采取有利于全球利益的举措，也就同时服务了自身利益。

中国自改革开放以来逐步调整与国际体系的关系，越来越重视人类的共同利益，使自己成为国际社会的"利益攸关者"。正如党的十八大报告所强调的那样，中国将坚持把中国人民利益同各国人民共同利益结合起来，以更加积极的姿态参与国际事务，发挥负责任大国作用，共同应对全球性挑战。

3. 可持续发展观

工业革命以后，人类开发和利用自然资源的能力得到了极大提高，但接踵而至的环境污染和极端事故也给人类造成巨大灾难。1943 年美国洛杉矶光化学烟雾事件、1952 年伦敦烟雾事件、20 世纪 50 年代日本水俣病事件、1984 年印度博帕尔化学品泄漏事件等恶性环境污染事件，均造成大面积污染和大量民众伤病死亡。

1972 年，以研究环境和发展问题而著称的罗马俱乐部发表了《增长的极限》报告，提出若世界按照现在的人口和经济增长以及资源消耗、环境污染趋势继续发展下去，那么我们这个星球迟早将达到极限而崩溃，引起国际社会极大争论。同年，联合国在斯德哥尔摩召开人类环境会议，会上首次有人提出了"可持续发展"的概念。1983 年，联合国成立世界环境与发展委员会进行专题研究。该委员会 1987 年发表《我们共同的未来》报告，正式将可持续发展定义为"既能满足当代人需要，又不对后代人满足其需要的能力构成危害的发展"。此后，可持续发展成为国际社会的共识。

1992 年，联合国在巴西首都里约热内卢召开环境与发展大会，通过了以可持续发展为核心的《里约环境与发展宣言》等文件，被称为《地球宪章》。2002 年，联合国又在南非召开可持续发展问题世界首脑会议，通过了《约翰内斯堡执行计划》。2012 年，各国首脑再次共聚里约热内卢，出席联合国可持续发展大会，重申各国对可持续发展的承诺，探讨在此方面的成就与不足，发表了《我们憧憬的未来》成果文件。

中国从斯德哥尔摩会议开始就参加了可持续发展问题的历次重要国际会议，在可持续发展理念形成、制度建设、发展援助等方面都发挥了建设性的作用。1994 年中国发布了《中国 21 世纪议程——中国 21 世纪人口、环境与发展白皮书》。1996 年，可持续发展被确定为国家的基本发展战略之一。可持续发展不仅已经从理念变成了中国政府的行动纲领和具体计划，而且已经取得了巨大的成就。

4. 全球治理观

20世纪90年代，联合国支持成立了由28位国际知名人士组成的全球治理委员会，该委员会于联合国成立50周年之际发表《天涯成比邻》报告，其对全球治理概念的定义被国际社会广泛接受。

全球治理理论的核心观点是，全球化导致国际行为主体多元化，全球性问题的解决成为一个由政府、政府间组织、非政府组织、跨国公司等共同参与和互动的过程，这一过程的重要途径是强化国际规范和国际机制，以形成一个具有机制约束力和道德规范力、能够解决全球问题的"全球机制"。比如，2008年国际金融危机后成立的二十国集团，协调各国应对危机，使世界经济避免陷入如同20世纪二三十年代全球大萧条的境地。国际上各种协调磋商机制非常活跃，推动国际社会朝着更加制度化和规范化的方向发展。①

中国参与全球治理，可以推动全球治理朝更加公平合理、"包容发展、权责共担"的方向发展，可以利用全球治理形成的倒逼机制促进中国国内改革，也可以从全球治理中获得更多的和平发展机遇，中国的和平发展对世界的发展又形成了有力的"正能量"。党的十八大报告总结的外交工作新成就中指出，加强同世界各国交流合作，推动全球治理机制变革，积极促进世界和平与发展，在国际事务中的代表性和话语权进一步增强，为改革开放争取了有利的国际环境。党的十八大报告还强调要积极参加多边事务，并特别提到要支持联合国、二十国集团、上海合作组织、金砖国家等发挥作用，推动国际秩序和国际体系朝着公正合理的方向发展。

相互依存的国际权力观、共同利益观、可持续发展观和全球治理观，为建设人类命运共同体提供了基本的思想基础。中国提出的和谐世界观与全球共同体意识有异曲同工之妙。和谐世界观包括五个维度，即政治多极、

---

① 曲星. 人类命运共同体的价值观基础 [J]. 求是，2013（4）：53—55.

经济均衡、文化多样、安全互信、环境可续。政治多极的内涵是，在相互依存的世界上，各大力量中心之间应有一个相互制约的框架和多边的行为方式来处理世界事务。经济均衡的内涵是，只有发展中国家与发达国家获得共同发展，世界才会有真正的发展，因此解决发展问题是人类共同利益之所在。文化多样的内涵是保持文化多元，保持人类思维活力，为解决全球问题提供更多答案。安全互信的内涵是，安全是共同的，只有别人安全，自己才有安全，保障安全的有效手段不是冷战式的同盟加威慑，而是互信互利平等协作的新安全观。环境可续意味着各国必须携手合作，把可持续发展理念落到实处。

人类命运共同体的建设将是一个长期、复杂和曲折的过程。如果各国政治家能真正从全人类长远利益出发来考虑问题，而不是从短期国内政治需求出发来制定政策，一个更高程度的、走向共同繁荣的人类命运共同体完全是可以建成的。

（三）人类命运共同体的价值追求

习近平在《携手构建合作共赢新伙伴 同心打造人类命运共同体》重要讲话中提出，和平、发展、公平、正义、民主、自由，是全人类的共同价值，也是联合国的崇高目标。在人类命运共同体中，既有国家的利益，也有超越国家的全球利益，二者交叠在一起，相互制约。人类共同利益不仅涉及人类公共福祉，也涉及共同面临的问题，如生态恶化、环境危机、恐怖主义、人口增长、贫穷问题等。面对全球化带来的种种问题，没有哪个国家可以独自解决，需要各国人民同心协力，构建人类命运共同体，为人类发展共同负起责任。

1. 和平与发展，人类的生存价值追求

和平是人类共同价值的基础。面对世界前途的不稳定性、不确定性，和平需要我们争取，更需要我们维护。习近平指出："中华民族是爱好和平的民族。消除战争，实现和平，是近代以后中国人民最迫切、最深厚的愿望。走和平发展道路，是中华民族优秀文化传统的传承和发展，也是中国

人民从近代以后苦难遭遇中得出的必然结论。中国人民对战争带来的苦难有着刻骨铭心的记忆,对和平有着孜孜不倦的追求,十分珍惜和平安定的生活。"①和平创造了条件,发展是硬道理,要同舟共济,促进贸易和投资自由化、便利化,推动经济全球化朝着更加开放、包容、普惠、平衡、共赢的方向发展。世界各国要共同走出一条公平、开放、全面、创新的发展之路,努力实现各国共同发展。从性质上说,这种发展是包容、平等、可持续的发展。要尊重世界文明多样性,以文明交流超越文明隔阂,以文明互鉴超越文明冲突,以文明共存超越文明优越。在生态上,要坚持环境友好,合作应对气候变化,保护好人类赖以生存的地球家园。

人类命运共同体是由全人类不同民族、地区、国家的人们共同构建的,人类命运共同体各个个体和平相处无疑成为首要的价值追求,而冲突、战争则是与人类命运共同体直接相悖的。2014 年 12 月 13 日,习近平在南京大屠杀死难者国家公祭仪式上的讲话中指出:"自古以来,和平就是人类最持久的夙愿。和平像阳光一样温暖、像雨露一样滋润。有了阳光雨露,万物才能茁壮成长。有了和平稳定,人类才能更好实现自己的梦想。"② 2015 年 9 月 3 日,习近平在纪念中国人民抗日战争暨世界反法西斯战争胜利 70 周年大会上的讲话中指出,人类命运共同体的构建需要一个和平的环境,人类社会的永久和平也需要构建人类命运共同体,"为了和平,我们要牢固树立人类命运共同体意识。偏见和歧视、仇恨和战争,只会带来灾难和痛苦。相互尊重、平等相处、和平发展、共同繁荣,才是人间正道。"③ 发展是人类命运共同体得以建构的另一价值追求。人类命运共同体不是均质的整体,在构成人类命运共同体的各个个体之间,在政治、经济、文化和社会等各个领域是存在差距的。这些差距正是一些全球性问题形成的根源,也是构建人类命运共同体的障碍。解决这些问题、消除这些障碍的唯一途径是保障发展中国家要求发展的权利。2014 年 6 月 28 日,习近平在和平共

---

① 习近平. 论坚持推动构建人类命运共同体 [M]. 北京:中央文献出版社,2018:1-2.
② 习近平. 在南京大屠杀死难者国家公祭仪式上的讲话 [N]. 人民日报,2014-12-14 (2).
③ 习近平. 习近平谈治国理政:第二卷 [M]. 北京:外文出版社,2017:446.

处五项原则发表 60 周年纪念大会上的讲话中指出："天空足够大，地球足够大，世界也足够大，容得下各国共同发展繁荣。一些国家越来越富裕，另一些国家长期贫穷落后，这样的局面是不可持续的。水涨船高，小河有水大河满，大家发展才能发展大家。"习近平于 2015 年 9 月 26 日在联合国发展峰会上的讲话中还指出："环顾世界，和平与发展仍然是当今时代两大主题。要解决好各种全球性挑战，包括最近发生在欧洲的难民危机，根本出路在于谋求和平、实现发展。面对重重挑战和道道难关，我们必须攥紧发展这把钥匙。唯有发展，才能消除冲突的根源。唯有发展，才能保障人民的基本权利。唯有发展，才能满足人民对美好生活的热切向往。"由此看出，和平、发展是人类命运共同体得以建构和存在的基本前提，从这个意义上讲，和平与发展是人类命运共同体成为现实的生存性价值。①

2. 公平与正义，人类的社会价值追求

2014 年 6 月，习近平在和平共处五项原则发表 60 周年纪念大会上的讲话中阐明了公平的精髓，即"所有国家主权一律平等，反对任何国家垄断国际事务"。要坚持以对话解决争端、以协商化解分歧，统筹应对传统和非传统安全威胁，反对一切形式的恐怖主义。构建人类命运共同体，既要尊重各国人民自主选择发展道路的权利，又要维护国际公平正义，反对把自己的意志强加给别人，反对干涉别国的内政，反对以强凌弱。

人类命运共同体不是一个既定的静态的国际社会结构，恰恰相反，人类命运共同体存在于国际社会各个成员不断生成和变化的政治、经济、文化、社会各领域的相互交往之中。人类命运共同体能否建构并健康存续，各国相互交往之公平与正义就成为关键价值。

公平表达的是"天下为公""众生平等"，核心是"平"的价值观。公平意味着人类命运共同体中各个个体在交往中的主体地位、逻辑起点是平等的，国家不分大小，民族不分强弱，文化不分优劣，历史不分长短。2014 年 6 月，习近平在和平共处五项原则发表 60 周年纪念大会上的讲话

---

① 曾获，郭开强. 论人类命运共同体价值观的基本内涵 [J]. 思想教育研究，2019（1）：9—13.

中指出:"'大道之行也,天下为公。'公平正义是世界各国人民在国际关系领域追求的崇高目标。"2017年1月,习近平在联合国日内瓦总部的演讲中指出:"纵观近代以来的历史,建立公正合理的国际秩序是人类孜孜以求的目标。"党的十九大报告也指出:"中国秉持共商共建共享的全球治理观,倡导国际关系民主化,坚持国家不分大小、强弱、贫富一律平等,支持联合国发挥积极作用,支持扩大发展中国家在国际事务中的代表性和发言权。"

正义关注的是交往过程和结果的良善追求,核心是"正"的价值观。正义意味着人类命运共同体中各个个体在交往过程中要做到不偏不倚、一视同仁、执中致和,而不是偏袒纵容,更不能倚强凌弱。习近平在纪念中国人民抗日战争暨世界反法西斯战争胜利70周年大会上特别强调:"让我们共同铭记历史所启示的伟大真理:正义必胜!和平必胜!人民必胜!"[①] 由此可见,人类命运共同体的构建与存续,一刻也离不开公平、正义价值的引导,从这个意义上讲,公平与正义是人类命运共同体成功构建、永续存在的关键性价值。

3. 民主与自由,人类的政治价值追求

在政治上,要相互尊重、平等协商,坚决摒弃冷战思维和强权政治,走对话而不对抗、结伴而不结盟的国与国交往新路。站在人类命运共同体的角度,民主是解决人类面对的共同问题、寻求人类价值最大公约数的重要手段,也是和平解决国际争端的重要准则之一。自由意味着包容和尊重,特别是尊重各国根据自身情况自主选择社会制度和发展道路。这种自由让每个国家都有能力去享受更为普遍的发展而不以牺牲其他国家的发展甚至生存为代价。

自主是人之为人的尊严的本质表现,民主说到底是人群共同体的集体自主,只有当民主本身被视为本质价值时,人类命运共同体才能真正实现人类本性。反之,一个或一些国家享有特权或者霸权,一些国家只有依附

---

① 习近平. 习近平谈治国理政:第二卷[M]. 北京:外文出版社,2017:447.

于、听从于特权或者霸权国家的状况是与人类命运共同体的价值追求背道而驰。2014年6月28日，习近平在和平共处五项原则发表60周年纪念大会上的讲话中指出："我们应该共同推动国际关系民主化。世界的命运必须由各国人民共同掌握，世界上的事情应该由各国政府和人民共同商量来办。垄断国际事务的想法是落后于时代的，垄断国际事务的行动也肯定是不能成功的。"同样，自由也是展现人之为人的本性的价值表现，是人类命运共同体追求的本质价值。习近平在纪念中国人民抗日战争暨世界反法西斯战争胜利70周年大会上强调："绝不让历史悲剧重演，是我们对当年为维护人类自由、正义、和平而牺牲的英灵、对惨遭屠杀的无辜亡灵的最好纪念。"① 自由还是连接现实社会和理想社会的人类本性基因，"'人类命运共同体'历史地'扮演'了人类从'虚幻共同体'向'自由人联合体'过渡的历史纽带角色，为马克思人类崇高理想的实现找到了一个可能感知和触摸的中介"②。因此，自由既是人类命运共同体存在的内在价值，也是人类追求的本质价值。综上所述，民主与自由是人类的本质性价值，正是人类对民主与自由的追求把人类与其他存在物区别开来。从这个意义上讲，民主与自由是人类命运共同体包含的人类本性的本质性价值。

（四）人类命运共同体理论与国际理解教育

人类命运共同体理论的内涵与价值观是相互联系、融为一体的。相互依存的国际权力观、共同利益观、可持续发展观、全球治理观等思想包含了和平与发展、公平与正义、民主与自由等价值诉求，体现了人类在新时代新的国际环境下对未来发展的思考。

无论对国家还是对民族、对个人来说，生存都是第一位的，和平与发展就是人们当今生存的环境，也是生存的条件。没有和平，世界将无宁日，什么事也做不了。没有发展，世界将原地踏步，人类将始终处于贫困的边

---

① 习近平. 习近平谈治国理政：第二卷 [M]. 北京：外文出版社，2017：446.
② 田鹏颖. 历史唯物主义与"人类命运共同体" [J]. 马克思主义研究，2018（1）：119–127，160.

沿，因此，必须让学生从小理解、认识和平的意义，了解发展的价值，特别是可持续发展的价值观。在国际权力观方面要讲正义、讲自由，不能一味强调自身利益，不能以大欺小、恃强凌弱，更不能搞霸权主义，要教育学生公正对待他人，公允发表评论，要民主协商，不要大权独揽。在全球治理方面要讲公平，讲共同利益，要处理好国际组织、国际准则、国际机制与国家主权的关系。在处理国际事务时，要调动各个方面的积极性，尊重各方的权利与利益，不能搞"一言堂"。要教育学生，世界是一个整体，是一个大家庭，人类的利益是共同的，人人都可以参与治理，人人应该参与治理，人人都应该为全球治理做贡献。

二、经济全球化理论与国际理解教育

（一）全球化的发展、动力与影响

全球化是 20 世纪 80 年代以来在世界范围日益凸显的新现象，是当今时代的基本特征。全球化目前没有统一的定义，一般而言，从物质形态看，全球化是指货物与资本的越境流动，经历了跨国化、局部的国际化以及全球化这几个发展阶段。货物与资本的跨国流动是全球化的最初形态。在此过程中，出现了相应的地区性、国际性的经济管理组织与经济实体，以及文化、生活方式、价值观念、意识形态等精神力量的跨国交流、碰撞、冲突与融合。

总的来看，全球化是一个以经济全球化为核心，包含各国、各民族、各地区在政治、文化、科技、军事、安全、意识形态、生活方式、价值观念等多层次、多领域的相互联系、影响、制约的多元概念。全球化可概括为科技、经济、政治、法治、管理、组织、文化、思想观念、人际交往、国际关系十个方面的全球化。

1. 全球化的发展

美国学者弗里德曼（T. L. Friedman）将全球化划分为三个阶段。"全球化 1.0"主要是国家间融合和全球化，开始于 1492 年哥伦布发现"新大陆"之时，持续到 1800 年前后，劳动力推动着这一阶段的全球化进程，这期间世界从"大号"缩水为"中号"。"全球化 2.0"是公司之间的融合，从 1800 年一直到 2000 年，各种硬件的发明和革新成为这次全球化的主要推动力——从蒸汽机、铁路到电话和计算机的普及，其间因大萧条和两次世界大战而被迫中断，这期间世界从"中号"缩水为"小号"。而在"全球化 3.0"中，个人成为主角，肤色或东西方的文化差异不再是合作或竞争的障碍。软件的不断创新，网络的普及，让世界各地包括中国和印度的人们可以通过因特网轻松实现自己的社会分工。新一波的全球化，正在抹平一切疆界，世界变"平"了，缩小成了微型。① 在《世界是平的》一书中，弗里德曼列举了十股造成世界平坦化的重要力量，启发人们思考当前的潮流对国家、公司、团体或个人而言到底意味着什么。这十股力量就包括了中国加入世界贸易组织这个重要因素。他认为，在世界变得日益平坦的未来三十年之内，世界将从"卖给中国"变成"中国制造"，再到"中国设计"甚至"中国所梦想出来"。②

2. 全球化的动力

全球化既产生于现代西方文化的危机中，也产生于促使全球化到来的各种力量中。这些力量主要指技术全球化、经济全球化和人道主义全球化。就技术全球化来讲，它加强了世界各地的相互往来和互相理解，而在这个过程中传统的习俗逐渐消解，新的观念、新的生存方式陆续出现，继而文化全球化开始生成。这里我们要注意，技术不能仅被当作一种工具来看，它在执行工具这一职能时，实际上参与了不同文化之间的相互作用。雅斯贝尔斯（K. T. Jaspers）认识到，技术使前所未有的交往和通信变为可能，

---

① 弗里德曼. 世界是平的：21 世纪简史 [M]. 何帆，肖莹莹，郝正非，译. 长沙：湖南科学技术出版社，2006：8—10.

② 同① 42—154.

它造成了全球的统一。人类整体的共同的历史开始了。统一的命运控制着人类整体。技术的发展把生活在地球上的人类变成了在同一时间、同一空间里共同生存的整体，这种相互依赖、风险共担、共同生活的现实是全球文化产生的最大动力，显示了交通技术和通信技术与全球历史、全球意识的关系。就是说，在自然土地上的共同生活和在时间里的共同存在造成了人类的统一。

经济全球化、金融全球化、贸易全球化、投资全球化为全球化时代的到来提供了巨大的动力。世界范围内的经济交往是全球化时代的动力，也是促使人们形成全球意识的一个因素。现在，加入共同贸易协定中的国家越来越多，商品贸易的范围越来越广，世界金融市场在贸易中的作用越来越大，可以说经济全球化已经是事实。经济全球化的过程引起了全球性的竞争，出现了资源短缺、环境恶化、金融风险等全球性问题，这些都说明了竞争的极限性，也使人们清醒地认识到世界的整体性。在这个整体的世界中，发生在遥远地区的事件可以对我们产生影响；反过来，我们作为个人所做出的决定，其后果也可能是全球性的。于是人们意识到了同在一个地球的意义，开始了彼此之间的合作，认识到了相互依赖的重要性。

如果说经济的发展和科技的进步是全球化的客观动力，具有十分重要的意义，那么人道主义因素就构成了全球化动力的主观部分，它们的存在对于全球化同样是不可缺少的。为了解决全球性问题，人们创设了多种国际机构，包括政府机构和非政府机构，如联合国、世界贸易组织、国际货币基金组织、绿色和平组织、红十字会、世界自然基金会等。这些机构最初是针对解决各种全球性问题而建立的，如生态保护、南北关系、人权问题等，它们发出了维护正义的声音，提出了人类为之努力的方向。随着全球化时代的到来，这样的组织越来越多，所发挥的作用也将越来越大，它们是促进全球化文化产生的重要力量。在20世纪初，有20个以上的国际性政府间机构，以及180个跨国的非政府机构。而到了今天，前者的数目已经达到300个，后者的数目将近5 000个。全球性治理已经出现。

综上所述，可以说全球化时代既产生于现代化的危机中，也产生于现代化的成就中，现代化的成就为全球化时代的到来提供了坚实的物质基础。如果对促成全球化时代到来的各种因素做一个综合考察，阿尔布劳（M. Albrow）的概括也许可以帮助我们："全球性至少在五个方面使我们超越了现代（性）的种种假设。这五个方面是：由全部人类活动造成的全球性的环境后果；由具有全球破坏性的武器导致的安全感的丧失；通讯系统的全球性；全球性经济现象的涌现；以及全球主义的反省性——在有这种反省性的地方，人们和各种团体都以全球作为自己确定信仰的参照系。所有这些汇聚在一起，就对那种认为'现代性会不断扩张'的观点，并因而也对民族国家构成了极大的挑战。"[①] 所以说，全球化的出现既是各种客观力量综合作用的结果，也是人们积极参与、共同创造的一个主观进程。

从全球化产生的背景及其动力的分析可以看出，全球化时代是继现代工业文明时代之后的一个新时代，具体来说，第二次世界大战使全球作为一个整体的重要性愈加突显，20世纪70年代的石油危机暴露了现代工业文明的局限性，全球通信系统的建立标志着人类进入相互联系、共同生存的全球化时代。

3. 全球化的影响

全球化的历史经验可以分成四大类：道义问题、收益问题、趋同与逐异问题、国际主义与民族主义问题。以下四个全球化特征正对应着这四个问题。

第一，缺少法治道义的全球化。任何国家内部的市场化都是随着法治环境的逐渐成熟而成熟的。国际的市场化却不是在法治环境下进行的，也就不可能"成熟"。缺少世界政府，所谓国际市场的法治化是根本不可能的。当立法、司法和执法都归于一家，只有理想主义者才去奢望公平，也只有那些最有能力从不公平中获利的国家才去奢谈国际秩序有多公平。如果没有全球的法治政府，所谓"全球治理"就不可能是体现国际公义的

---

① 阿尔布劳.全球时代：超越现代性之外的国家和社会 [M]. 高湘泽，冯玲，译.北京：商务印书馆，2001：9.

治理。

第二，无法预知国家损益的全球化。抽象谈论在全球化中获益或受损的条件非常困难。强国、弱国、大国、小国都可能获益，也都可能吃亏。中国曾是被全球化击败的，却也是从全球化里高速崛起的。英国是从全球化中崛起的，也是在全球化中衰落的。眼下的美国，虽然一直是全球化中最大的获益国，却呈现冷淡全球化的倾向，因为美国开始感受到代价。

第三，刺激追求差异的全球化。全球化导致的"趋同"是浅薄的，全球化导致的"逐异"却是深刻的。追逐不同是全球化时代最深刻的特征。全球化的资本毫无人性可言，它带来激烈的社会变迁，刺激形形色色意识形态的兴起，也必然伴随激烈的社会集团、意识形态乃至民族国家之间的冲突。以往的全球化带来了繁荣和进步，也带来了大革命，带来了国内战争，带来了"世界大战"。

第四，促进民族主义的全球化。毫无疑问，近代以来形形色色的国际主义都产生于全球化。可是，全球化带来了更强大的民族主义，带来了人员交往的阻隔。在以往的全球化里，获胜的不是国际主义，而是国家主义，特别是民族主义。

全球化对人类生产和生活的影响是巨大的，表现为全球范围内的通用标准的数目增长；国际贸易的增长比世界经济增长速度更快；由跨国公司控制的世界经济的增长；全球金融体系的发展；更多的国际文化影响；文化多样性的减少；国际旅游业的发展；各种文化的融合及创新；通过诸如互联网等通信技术使得共享的信息资源不断增长；移民的增长，包括非法移民；恐怖主义也在全球化，恐怖组织分子很多时候不在本国行动。

4. 经济全球化是人类历史发展的必然规律

以蒸汽机为标志的第一次工业革命催生人类第一个全球化商品，以电气应用为标志的第二次工业革命催生第一次经济全球化浪潮，以信息技术革命为核心的第三次工业革命使人类生活在一个相互为邻的"地球村"，目前人工智能、大数据等新一轮科技革命推动经济全球化深入发展，这些都无可辩驳地表明，经济全球化并不依附于人们的主观意愿，科技进步和生产力发展才是推动经济全球化前行的真正动力。

历史车轮滚滚向前,时代潮流浩浩荡荡。任何国家任何集团逆经济全球化潮流而动的政策和言行,都违背人类历史发展的客观规律,其结果必然会破坏全球生产和国际分工体系,必定会给全球经济贸易和政治安全带来严重危害。

第一,经济全球化是实现世界各国福祉的必由之路。

尽管早期的经济全球化伴随着西方殖民主义的扩张与掠夺,但是经济全球化客观上不仅推动了全球生产体系的兴起,带来了全球经济繁荣、财富逐步增长和民众生活的普遍改善,也成为促进世界经济社会发展、实现各国人民幸福安康的全球性路径。

据统计,1970年至2017年,全球国内生产总值从不足20万亿美元升至80万亿美元,人均国内生产总值从5 185美元升至10 634美元,全球贸易额占国内生产总值的比例由26.72%提升至56.21%。1981年至2013年,全球贫困人口比例由42.3%下降至10.9%,全球85%的人口预期寿命可达60岁,是100年前的两倍。[①]这些事实雄辩地证明,世界经济的持续增长、投资贸易的繁荣便利、新科技革命和全球经济创新、社会发展水平的提高、国际合作与相互依赖的深化、国际文化交流的深入以及千年发展目标和《2030年可持续发展议程》的制定实施,都充分展现了经济全球化的积极影响。经济全球化已经深入世界各国人心,符合绝大多数国家的根本利益,成为国际社会的普遍共识和客观现实。

在经济全球化深入发展的今天,一个国家、一个民族要振兴和发展,各国人民要实现追求幸福生活的美好愿望,就必须在全球化历史前进的逻辑中不断前进,在全球化时代发展的潮流中持续发展。各国应该发挥各自优势和特色,推动经济全球化朝着更加开放、包容、普惠、平衡、共赢的方向发展,让各国人民共享经济全球化和世界经济增长的成果。

第二,经济全球化将在曲折中向前发展。

---

① 吴志成.经济全球化砥砺前行[N].光明日报,2018-11-13(12).

经济全球化是一柄利弊相兼的双刃剑，其发展历程从来不会一帆风顺，而是风险与曲折相伴而行，整体上将呈现出螺旋式上升和发展，在一些时期还可能出现反复甚至倒退。

由于迄今为止的经济全球化模式主要由发达资本主义国家和传统跨国公司主导，一些传统的全球经济治理体系陷入制度性困境，甚至越来越不适应经济全球化的深入发展和世界各国的普遍期待，不可避免地暴露出诸多弊端。经济全球化的不充分、不平衡发展不仅造成了新的社会贫困、冲突和不平等现象，而且造成全球发展失衡加剧、贫富分化增大、国际冲突风险上升、国内社会矛盾激化等负面影响，助长了极右翼政治力量的地区性崛起和民粹主义的全球性泛起。特别是当前全球经济增长速度迟缓，发展动能不足，普惠程度不够，不确定性、不稳定性因素增多，经济下行的风险明显加大，多边主义与单边主义的较量趋于激烈，经济全球化亟须在理念、模式和合作机制等方面推进创新。

需要注意的是，20世纪70年代以来，全球范围爆发过多次逆全球化浪潮，但每次逆全球化都是全球化发展的短期挫败，并未影响全球化持续深化的宏观走势和主流方向。对此，我们要保持清醒的认识和足够的战略定力。

第三，中国是经济全球化的推动者、受益者和贡献者。

历经40余年改革开放，中国坚持打开国门搞建设，积极融入经济全球化进程，实现了从封闭、半封闭到全方位开放的伟大历史转折。中国不断扩大对外开放，助推全球化发展，不仅改变了自己的面貌与命运，也深刻地影响和造福了世界。特别是加入世界贸易组织以来，中国积极参与做大全球经济贸易"蛋糕"，切实推动贸易便利化，支持完善全球自由贸易体系，坚持与全球贸易伙伴互利发展、相互成就，不仅成为"世界工厂"，更是全球最具潜力的巨大市场和全球创新合作的重要参与方，为全球经济的稳定和健康发展做出重要贡献。

目前，中国已是全球第一大货物贸易国、第二大外资流入国和第三大对外投资国，是世界上150多个国家和地区的主要贸易伙伴。中国所倡导的

"一带一路"倡议、共商共建共享的全球治理观和人类命运共同体等价值理念对矫正既有全球化的不足,构筑开放、包容、普惠、平衡、共赢的新型全球化发挥着引领作用。

进入新的时代,中国旗帜鲜明反对保护主义、单边主义,进一步提升多边和双边开放水平,不仅推动各国经济联动融通,共同建设开放型世界经济,而且将自身的市场潜力优势、产业集群优势和集成创新能力优势有效融入世界经济的发展大格局,推动高端生产要素在全球范围内优化配置和自由流动,必将为全球经济强劲、可持续、平衡和包容增长创造新的时代机遇。

正如习近平在首届中国国际进口博览会开幕式上向世界做出的庄严承诺,中国将始终是全球共同开放的重要推动者,中国将始终是世界经济增长的稳定动力源,中国将始终是各国拓展商机的活力大市场,中国将始终是全球治理改革的积极贡献者。①

(二)经济全球化理论的形成和基本内容

1. 经济全球化的形成

"人类社会"历来是被用来概括、指称地球上人类总体的一个概念,但严格意义上讲,在近代以前,地球上只存在分布于各地的区域性社会系统。尽管分布在各地区的民族、国家之间进行着一定的经济、科学、文化上的交流和往来,但总的来说,并没有形成整体性的人类社会或全球社会。工业革命后,生产力获得了迅速发展,在对市场和原材料的渴求的推动下,以及经济利益的驱动下,资本主义国家用贸易、战争、宗教,把世界各地日益紧密地联系在一起。同时,随着科技的发展,经济全球化获得快速发展。

从世界历史发展来看,经济全球化经历了一个漫长的历史过程。当1492年哥伦布发现"新大陆"后,引发欧洲的商业革命,以国际贸易从西

---

① 吴志成. 经济全球化砥砺前行 [N]. 光明日报,2018-11-13 (12).

欧、环地中海区域逐渐扩展到非洲、亚洲、南北美洲和大洋洲这样一个全球范围为标志的商品化全球市场开始形成，奏响了经济全球化的序曲。19世纪末20世纪初，以第二次科技革命的技术支持和资本输出为主要内容的所谓的经济全球化浪潮形成。随后，跨国公司的蓬勃发展，网络经济的推波助澜，使全球化已成为世界经济发展的不可逆转的趋势。特别是20世纪80年代以来，和平与发展成为世界的主旋律，各国都把发展经济、加强经济合作放到首要位置。于是，以全方位互动为特征的真正意义上的经济全球化形成。正如联合国前秘书长布特罗斯－加利（B. Boutros-Ghali）在纪念哥伦布发现美洲大陆500周年大会上所言：第一个真正的全球化的时代已经到来，这是一场由市场经济推动的全球化运动。今天的人类社会不再是一个人为的、简单的拼盘，而是一个有机的系统和整体。[1]因此，可以说，经济全球化已经成为当今世界发展的主题。

在经济全球化发展的浪潮中，形成了各种不同的经济全球化理论。确切地说，经济全球化理论在西方始于英国的工业革命时期，经济学家从不同的角度、立场对经济全球化做了全面、深入的研究，取得了丰硕的成果，从马克思主义的"世界市场"理论，到现代的怀疑派理论和新自由主义全球化理论等，都深刻揭示了经济全球化这一现象的实质。

2. 经济全球化理论的基本内容

长期以来，人们对"经济全球化"的理解不尽一致。如法国学者雅克·阿达（Jacques Adda）在其专著《经济全球化》中指出，论述全球化就是回顾资本主义经济体制对世界空间的主宰。全球经济整体的各个组成部分之间的不断相互融合，赋予它一种特有的力量。[2]在他看来，经济全球化被视为资本主义经济体制在全球范围内的扩展。里斯本小组认为，经济全球化过程是民族国家体系终结的开端。经济全球化日益挖掉了民族国家的民族市场，民族空间作为最重要的战略经济空间被正在出现的全球空间所取代。

---

[1] 胡元梓，薛晓源.全球化与中国 [M]. 北京：中央编译出版社，1998：74.
[2] 阿达.经济全球化 [M]. 何竟，周晓幸，译.北京：中央编译出版社，2000：3-4.

资本主义的历史已经突破了民族边界。与此同时，国内许多学者也对经济全球化的内涵进行了探讨。有学者认为，经济全球化体现了世界统一市场的形成，主要表现为跨国公司的跨国经营，实施全球范围内的最佳资源配置和生产要素的组合，其次表现为信息技术的日新月异，互联网迅速延伸和扩展，一个全新的"网络社会"正在形成，硕大的地球变成小小的"地球村"。还有学者认为，经济全球化是世界经济发展的新的更高阶段，是各国经济对外开放和国际化的结果，同时也是各国经济体制市场化的结果。经济全球化已经并将继续改变世界经济乃至各国经济的运行机制和发展方式，使越来越多的国家融入世界经济体中。这些解释都在不同程度上揭示了经济全球化的本质意义，但真正系统的经济全球化理论主要包括以下派别。

第一，马克思主义的经济全球化理论。

马克思把经济全球化寓于"世界历史"之中，用"世界历史"的概念表达了其全球化思想。他认为，社会生产力的发展导致各国人民之间普遍交往、彼此紧密联系是世界历史的主要内容。马克思在《德意志意识形态》和《共产党宣言》等著作中对全球化和生产力发展的关系、资本主义与全球化的关系、全球化与人的发展的关系以及全球化的发展趋势等问题，做了极其深刻的分析和论述。恩格斯认为，经济全球化的最根本内容和基础是以"世界市场"为纽带的世界性物质生产和消费。《共产党宣言》又指出："资产阶级既然榨取全世界的市场，这就使一切国家的生产和消费都成为世界性的了。""过去那种地方的民族的闭关自守和自给自足的状态已经消逝，现在代之而起的已经是各个民族各方面互相往来和各方面相互依赖了。""随着贸易自由和世界市场的确立，随着工业生产以及与之相适应的生活条件的一致化，各国人民之间的民族孤立性和对立性日益消逝下去。"[①]在马克思和恩格斯看来，只有在各地区、各民族广泛分工的基础上

---

① 马克思，恩格斯.马克思恩格斯全集：第四卷[M].北京：人民出版社，1958：469，470，487-488.

形成世界市场,才意味着从根本上消灭了各地区、各民族相对孤立的发展状态,从而最终形成相互依赖、相互制约、统一的世界市场。同时,随着世界市场的形成,各地区、各民族之间的其他方面的交往必然也随之发展起来。

马克思还分析了全球化对人类社会产生的双重影响。全球化是历史的进步,历史只有发展成为世界历史,才能保护和促进社会生产力的发展。生产力以及与此相关的科学技术,都不是从属于某个国家和民族的,而是具有普遍的相互交往的世界意义。只有当交往成为世界交往并且以大工业为基础的时候,保持已有的生产力才有了保障。马克思还指出,尽管资本主义的发展使人类进入世界历史,但是由于新发现的土地殖民化,又助长了各国之间的商业斗争。资本主义开辟了世界历史,但是资本主义制度又最终成为世界历史进一步发展的束缚。这是经济全球化进程中不可避免的历史现象。

第二,古典经济学的经济全球化理论。

这一学派的主要代表是西方经济学家亚当·斯密(A. Smith),他的经济全球化理论主要倡导的是国际贸易的"绝对成本"思想。他认为,自由贸易会引起国际分工,而国际分工的基础则是有利的自然禀赋,或后天有利的生产条件。它们都可以使一国在生产和对外贸易方面处于比其他国家有利的地位。斯密认为经济全球化的基础是自然资源或后天的生产条件,并指出经济全球化有利于各国节约资源,有利于世界总产品和福利的增加。

李嘉图(D. Ricardo)认为,对外贸易是一国经济的重要补充,是一国经济增长必不可少的组成部分。同时他还强调了资本主义经济自由发展与自行调节的基本特征。在国际经济交往和经济政策上,他认为使国际贸易处于自由状态是最明智的选择,一国的繁荣不是由另一国的贫困来促进的,对贸易自由不加束缚并制定开明的政策,才能最好地促进每个国家的福利与所有国家的福利。他指出:"在商业完全自由的制度下,各国都必然把它的资本和劳动用于最有利于本国的用途上。……它使人们都得到好处,并以利害关系和互相交往的共同纽带把文明世界的各民族结合成一个统一的社会。"①

第三，新自由主义派经济全球化理论。

该流派的主要代表人物是大前研一和格里德（W. Grieder）。他们认为，经济全球化就是全球经济和市场的一体化，是世界资源的优化组合。他们还认为，经济全球化是人类进步的先驱，因为它正促使全球市场与全球竞争的一体化的出现。新自由主义派还强调世界贸易组织的积极功能，因为它确立了国际贸易的四项普遍性原则，即非歧视性原则、互惠性原则、透明性原则与公平性原则。新自由主义派强调市场的作用，通过生产要素在市场上的自由流动达到资源的有效配置。经济全球化意味着贸易、资本、技术、信息等冲出国界，生产国际化达到了前所未有的程度。他们认为，自由贸易有利于发挥各国比较优势，而国际化生产能够实现生产要素的最优配置，形成新的国际劳动分工，从而创造更多的利润，推动经济增长。

第四，怀疑派经济全球化理论。

这一学派有两个基本观点：其一，现在的所谓全球化实际上只是国际化，国家依然是经济的主要范围和管理者；其二，全球主义宣扬的国家终结观点不但夸大了事实，也带有强烈的意识形态偏见。②他们批评道，国际化并没有使南北差距、不平等消失，相反，它意味着许多第三世界国家经济边缘化的发展，因为贸易和资本更多地在发达国家间流动，并由此产生更强大的"排弱"效应。怀疑派还认为，在经济结构方面，国际化并没有也不可能改变世界经济的不平等、不公正的旧秩序和等级结构。因此，所谓的经济全球化只能导致更极端的民族主义的兴起，促进世界文明分解成不同文化、宗教和种族的独立领地，而不是什么世界大同、全球文明一体化的出现。

第五，秩序转型派的经济全球化理论。

这一学派认为，经济全球化是推动社会、政治和经济转型的主要动力，

---

① 李嘉图. 政治经济学及赋税原理 [M]. 郭大力, 王亚南, 译. 北京：商务印书馆, 1962：113.
② 缪家福. 全球化与民族文化多样性 [M]. 北京：人民出版社, 2005：50.

并正在重组现代社会和世界秩序。目前的经济全球化是史无前例的。跨国界的政治和社会正在对世界进行重大的调整，国际与国内、外交与内政的界线愈加模糊，所谓的"国内外相交的事物"日益成为一种新的意义上的"边疆"。经济全球化正在促使政治、经济和社会的空间急剧扩大，成为影响一个社会和地区的决定性力量。所以，该派认为，经济全球化正在产生一种强大的"转型"力量，导致世界秩序中的社会、经济与制度的剧变。另外，这种世界秩序的剧变又充满着变数，因为他们认为经济全球化在根本上是一种"不确定性"的历史进程，谁都无法预测它的发展方向与它所构建的新世界政治经济秩序。

另外，当代经济全球化理论的主要倡导者瑞奇（R. Reich）曾经指出：全球化的关键是跨国公司，最有利可图的公司是将自己转变为"全球企业网"，由无数的国际性子公司、分公司、经销区和联营公司组成。各公司不仅在许多国家开展业务，而且他们的产品和服务从生产一开始就是日益国际化的。因此，民族交杂性进入了跨国企业的产品。[①]

3. 经济全球化理论的启示

经济全球化理论首先揭示了全球经济一体化的根本动因：第一，社会生产力空前发展，以及新技术革命的兴起。近代以来，人类历史主要经历了三次技术革命，社会生产力的发展和新技术革命的兴起是相互影响、相互促进的，其结果是全球经济一体化的迅速到来。第二，国际分工和国际经济交流。马克思主义者认为，国际贸易和世界市场是国际分工的表现。国际分工促进了国际经济的广泛交流，形成了全球经济中的联合网络。第三，跨国公司和多国公司的迅速发展，使全球经济一体化进入了一个新的发展阶段。在新的国际政治、经济和科技革命的推动下，造成了全球范围内生产的专业化和协作化的要求。现代运输工具、通信技术和管理手段，也为经济全球化提供了可能。跨国公司和多国公司加深了本国与东道国之间相互依赖的经济联系，从而进一步加快了全球经济一体化进程。

---

① REICH R B. The work of nations: a blueprint for the future [M]. New York: Vintage, 1991: 68.

根据经济全球化理论，人类活动开始超越国家和民族边界而走向国际舞台。经济领域的全球化，正在深刻影响政治、文化、技术和教育等社会生活的各个方面，从而打破区域和国家的内在平衡。民族差异的存在，宗教派别的争端，经济发展水平的差距加大，社会冲突突变性的呈现，导致发生世界战争的潜在因素将长期持续。狭隘的民族主义和霸权主义同时存在，经济全球化社会是一个充满矛盾的统一体。经济全球化形势下，世界具有趋同性和多样性。世界因为有各种不同的种族、民族而表现出多样性，而正是有了这种多样性，人类才有了如此巨大的文明进步。全球化的迅猛发展，要求各民族国家和地区不同文化之间在生活方式、生产方式和价值观上形成某种趋同。

经济全球化理论还揭示了经济全球化现象给人类社会带来的新机遇和新挑战。在经济全球化的强势推动下，世界经济持续多年稳定发展；贸易关税和非关税壁垒逐渐减少，这使得世界贸易额持续多年大幅度上升；国际资本流动、科技转移、人才流通等对各国特别是发展中国家经济增长也起到积极的推动作用。经济全球化进程中，跨国公司出现，发达国家经济产业迅速向发展中国家转移，从而推动了发展中国家的经济发展。同时，全球化加快了世界各国之间文化、科技、教育的交流和合作。经济全球化也给国际社会带来了新的社会问题。在政治方面，全球化将影响和侵蚀国家的主权与自治。全球化使生产国际化，形成了生产中的跨国关系，这样便削弱了民族国家对本国经济的控制权限。全球化导致了一些大洲或地区性防御组织的产生，这些组织作为一个整体处理和解决本组织及本组织成员国与其他国家之间的关系，执行保卫本组织各个成员国安全的任务，而各个民族国家不再承担国家防御及国际关系等方面的责任。全球化带动了各个民族国家的飞速发展，这一发展对民族国家内部政治、经济、文化、资源、科技、人才等方面的需求空前提高，民族国家政府如不寻求国际的交流与合作就很难满足这些需求。

伴随着经济全球化进程的不断深入，全球危机也在步步迫近。罗马俱乐部等提出全球危机主要表现为人口危机、粮食危机、能源和资源危机、环境污染危机、全球经济危机、全球债务危机、全球军事化危机、恐怖主义危机、宗教和民族主义狂潮等九种[①]。这些危机是人类共同面临的、综合性的多重危机。这些全球性危机的解决，有赖于各国政府和人民共同努力。

（三）经济全球化与国际理解教育

首先，经济全球化现象对教育产生了重大影响。经济全球化深入发展，全球系统逐渐形成，现代交通和通信技术极大缩短了人类活动的时间和空间距离，世界似乎变得越来越小。随着现代信息技术和计算机多媒体教育系统的发展，出现了"全球教室""全球学校""世界课堂""全球实验室"等。这是一种建立在传统教育基础之上的现代国际教育形式。它跨越了区域、民族、国家的界限，把整个世界教育联系在一起。经济全球化为建立国际学校创造了有利的条件。随着国际教育的发展，普通学校的课程中广泛设置国际性的课程，如外语、世界历史、外国文化、环境与生态保护等。另外，随着经济全球化趋势不断加强，全球系统的广泛文化交流促进了世界各地建立相互兼容的教育制度。因此，从根本上说，经济全球化和全球系统的形成为国际理解教育提供了现实的客观基础和要求，即要求各国发展国际教育，加强国际理解的教育，共同承担在全人类尤其青少年心灵深处培育国际理解之理念的重大使命。

其次，经济全球化理论为国际理解教育提供了深厚的思想根源。从根本上讲，国际理解教育所体现的国际主义观和国际理解观直接来源于经济全球化理论中的国际关系论。它要求培养人们促进世界和平和国家之间的相互理解之素养，重视个人道德发展，尊重文化多样性，培养国际胸怀。国际学校的发展历史也跟经济全球化发展过程息息相关，并成为全球化进程中重要的组成部分，如日内瓦国际学校、联合国纽约国际学校、教科文组织"联合学校"等，它们都是在国家同盟或联合国组织的相互联合中成立的。因此，可以说，"国际学校的出现是对经济全球化需求的一种来自自

---

① 田志立.全球开放论：中国对外开放政策的新抉择[M].北京：东方出版社，1990：47—54.

由市场的积极反应，国际教育不仅受经济全球化影响，而且有利于自由市场价值观的扩展。国际理解教育的基本理念根植于国际合作和经济全球化理论"①。经济全球化理论也支持这个观点："囊括了他国文化的国际学校促进了国际理解教育的发展，不同国家之间的人员流动为国际理解教育提供了宝贵的教育资源。"②

全球经济的融合和一体化，全球政治的共识增多以及共同关注领域的扩大，必然会对教育的性质产生重大影响。这必然使我们重新认识全球化背景下教育的性质以及教育的价值问题，重新确立教育在社会发展与人的发展之中的定位。因此，在经济全球化背景下，教育更多体现"以人为本"的发展价值，以及为整个人类的生存与发展而服务的理念。经济全球化必然要求教育培养具有国际意识的人，以促进国际理解与合作。面临迅速多变的世界，有必要考虑建立一种新的教育哲学，即包容所有各国某些共同的积极向上的道德观念，以人们所共同拥有的东西及其无可比拟的多样性而将人们更紧密地聚集到一起。

再次，经济全球化理论指导下教育的基本价值取向是，培养学生的国际视野，增进不同民族、国家和人民的相互了解与理解。联合国和联合国教科文组织在促进世界各国的相互认识和理解方面做了不少努力，尤其是提倡在全球化的进程中遵守当代的价值观——如国际团结、对其他人类共同体的尊重、民主的交往方式，及对于人类社会变化的信心和责任感等。教育应促进各国、各种族或各宗教团体间的理解、宽容和友好，并应促进联合国维护和平的各项活动。当前许多国家的教育改革业已注意到了这一点。如《美国 2000 年教育目标法》中强调，必须将全球观念渗透到学校的所有课程领域，学校中要有开放性的、国际性的文化氛围。日本则将"世界中的日本人"作为 21 世纪教育的培养目标。如果从参与更多国

---

① PEARCE R. Globalization: learning from international schools [R]. Mobility Employee Relocation Council, 1994: 27—29.
② CAMBRIDGE J, THOMPSON J. Internationalism and globalization as contexts for international education [J]. Compare: A Journal of Comparative and International Education, 2004, 34(2): 161—175.

际性竞争而为国家建设做贡献看,我国教育培养国际性人才的任务也尤显突出。

在经济全球化背景下,全球本位的道德教育成为国际理解教育的根本价值取向之一,它是以解决困扰人类的全球问题为中心的新道德教育观。全球本位道德教育目的主要是"把一个人在体力、智力、情绪、伦理各方面的因素综合起来,使他成为一个完善的人","这种新人必须懂得个人的行为具有全球性的后果,能够考虑事物的轻重缓急,并能够承担人类命运的共同职责中自己的一份责任"。[①]道德教育的视野由人与人、人与社会拓展到人与自然和全球共同存在的问题。全球问题的本质是价值问题,解决全球问题的关键就是重建人类的价值观念体系,从而形成"人与自然、人与人、人与其自身的超越"的新观念,从人与自然的关系看,人类应该感悟到人类中心主义的缺憾,把人与自然的关系由原初简单的物质和能量交换关系上升到伦理的、审美的关系;从人与人之间的关系看,人类应该走出建立在竞争与专制基础上的主仆关系的误区,逐渐形成全球共同营生的意识,发展人们之间的合作与交流关系;从人与其自身的超越看,人类不应该满足于现象世界中的物质、功利的追求,更应该有理念世界的精神和价值追求。全球化时代需要人类能够超越现象世界的本性意识,在追求真善美中拥有共同的精神价值理念。

最后,开展国际理解教育是应对经济全球化给人类带来的各种全球危机的根本出路。如前所述,应把道德教育建立在全球本体的基础上。然而,我们应该乐观地认识到,经济全球化的确为我们共建美好的"地球村"提供了技术、信息、感情、智力和文化上的支持。当今,人类交流的形势和空间有了巨大的发展和飞跃,各国、各民族以及不同文化背景的人们之间的交流与合作活动,为在世界各国开展国际理解教育提供了极为便利的条件,教育人们在文化理解上产生双重意识,即意识到自己文化的独特性和

---

① 联合国教科文组织国际教育发展委员会.学会生存:教育世界的今天和明天[M].华东师范大学比较教育研究所,译.北京:教育科学出版社,1996:195,7-8.

人类共同遗产的存在。

总之，面对经济全球化给人类带来的种种机遇和挑战，培养具有国际意识、全球视野的国家公民，已经成为当今国际教育的重要价值取向。同时，经济全球化理论为国际理解教育提供了重要的理论支撑。

三、相互依存理论与国际理解教育

（一）相互依存理论的形成与发展

人类自从诞生以来，便生活在同一颗星球——地球上。人类在地球上成长、生息、繁衍，成为"万物之灵"。然而，人类在创造符合人类理想和意愿的环境的过程中，也史无前例地对地球进行着掠夺和破坏。在困境面前，人们发现了一条全球性的铁律，这就是相互依存。早在19世纪中期，马克思和恩格斯就已经开始注意到世界的相互依存现象，他们在《共产党宣言》中指出，随着工业资本的扩散和商业经济在全球范围的发展，过去那种地方的、民族的自给自足和闭关自守的状态，被各民族间各方面的相互依赖所代替了。100多年后，整个世界发生了巨大而深刻的变化，民族国家之间的相互依存无论在广度还是在深度上都超过了历史上的任何时刻。

世界的相互依存是一个由松而紧、由浅入深不断发展的过程，其动力可追溯到15世纪的地理大发现、18世纪的工业革命和科学技术复兴以及18—19世纪商业资本和市场经济在世界范围的扩张运动。随着世界市场的形成和全球经济一体化的实现，人类活动范围开始世界化，同时新技术的发展促使人类进入了信息传播全球化的时代。全球相互依赖或依存成为当今世界的主旋律。人类在许多领域的活动常常引起世界范围内的连锁反应。各种问题开始"全球化"，涉及社会生活，对教育系统有着直接影响，如国际移民现象。

如今的相互依存在广度上超越了过去那种局部的、片面的相互依存，走向全局的、综合性的相互依存。原本垂直型的相互依存被更加广泛的水平型相互依存所取代。相互依存不仅发生在发达国家和发展中国家之间，也发生在发达国家之间和发展中国家之间。各国之间的相互依存不仅在经济领域得到全面发展，而且已经扩展到了政治和文化领域。当今世界已经形成了一个纵横交错、覆盖全球的相互依存网络，任何国家、民族和区域都是这张网上的一个结。在深度上，不断发展的生产与资本的国际化、全球化，把世界上不同生产方式和发展水平的国家和地区的经济活动紧密联系在一起，使其在全球范围内的国际分工和合作中形成了既相互分工又相互联动的相互依存关系。因此，各国和各地区之间相互关系已经达到了牵一发而动全身的地步。不断加强的经济和政治依存关系，促进了各国、各地区和各民族之间不同文化的频繁交流与合作，并不断地相互磨合、相互认同、相互吸纳和融合，形成了你中有我、我中有你的相互依存关系。

在相互依存的世界现象中，相互依存理论应运而生。相互依存理论是西方国际关系学的重要理论之一。相互依存理论作为一种较为系统的理论最早形成于 20 世纪 60 年代，其产生的直接动力是：美苏两极格局开始松动，两大阵营之间的交流和合作不断加强；西欧和日本经济崛起，使世界经济的从属性一致开始瓦解，取而代之的是"相互依存论的不一致"。全球范围内的各国经济联系不断加强，新技术革命推动了相互依存趋势的发展，以及跨国公司、国际组织、国际制度等的快速发展。基于以上国际背景，理查德·库珀（Richard N. Cooper）在其 1968 年出版的《相互依存经济学——大西洋社会的经济政策》一书中从经济学角度指出，相互依存论是 20 世纪 60 年代出现在工业化国家中的一个强劲趋势。其基本特征表现为国家间增长的对外经济发展的敏感性。国家间的经济关系的关键是了解一个国家经济发展与国际经济发展之间的敏感反应关系。随后，卡尔·多伊奇（Karl Deutsch）在《国际关系分析》中也指出，研究国际关系不能仅以国家为中心，要重视国家间的相互联系。进入 20 世纪 70 年代后，西方国际关系学者研究的热点之一就是全球政治中的相互依存理论，1972 年，莱斯特·布朗（Lester R. Brown）出版了《没有国界的世界：国家的相互依存》。

到 20 世纪 80 年代后，相互依存理论开始将国际政治和经济结合起来，在国际安全和国际制度之间的关系上又有了新的发展。

（二）相互依存理论的基本内容

1. 广义相互依存理论的基本内容

从广泛意义上来讲，人类世界的相互依存规律包括两大方面：一方面是人类与自然界的相互依存；另一方面是人类各民族和国家之间的相互依存。这就构成了全球共同体的基本依存规律。

（1）人类与自然界的相互依存关系。英国著名博物学家达尔文（Charles R. Darwin）出版的《物种起源》一书中，提到了地球上生物界存在一条普遍的规律，即相互合作、互不侵犯、寄居生活和克制谨慎等。自然界存在着相互联系的各种食物链和食物网，它们为地球上的生命提供了所有的能量。恩格斯在《自然辩证法》中指出："人的思维的最本质和最切近的基础，正是人所引起的自然界的变化，而不仅仅是自然界本身；人在怎样的程度上学会改变自然界，人的智力就在怎样的程度上发展起来。地球的表面、气候、植物界、动物界以及人本身都发生了无限的变化，并且这一切都是由于人的活动。"[1] 在地球上，人类与自然界的相互依存关系，是人类生存的关键所在。然而，人类进入工业时代以来的各种活动，正在使人类的生存环境特别是大气层受到破坏，给人类的生存造成了重大的潜在危险。总而言之，人类与自然界之间所存在的相互依存关系，在当代已经成为日益尖锐的全球问题。

（2）民族国家及国家集团之间的相互依存关系。当代，人类社会由不同的国家、国际组织等国际行为主体构成，这些国际行为主体基本上是以民族为核心的。迄今为止，人类国家之间的相互依存，大致体现为均等依存、绝对依存、复合相互依存和相对依存四种类型。均等依存存在于在某一领域具有同等资源的国家间；绝对依存存在于在某一领域拥有绝对不相

---

[1] 马克思，恩格斯. 马克思恩格斯全集：第二十六卷 [M]. 2 版. 北京：人民出版社，2016：556.

称资源的国家间，实际上是一种不平等的国际关系；复合相互依存是指通过多种渠道将社会联系起来，国家间的关系的议事日程包括多种问题，并且在复合相互依存占优势的某些地区或问题上，军事手段的适用范围缩小，效用下降；相对依存处于均等依存与绝对依存之间，但不像绝对依存中的国家之间差距那么大。①

可以说，人类与自然界的相互依存关系，与人类社会中国家之间的相互依存关系结合在一起，构成了全球共同体中两个不同层面的相互依存结构。

2. 狭义相互依存理论的基本内容

相互依存被视为现代国际体系的根本特征，相互依存理论则被推崇为国际关系的重要原则。从这一角度来讲，狭义的相互依存理论主要指人类社会中国家之间的相互依存关系理论。其主要内容有如下四个方面。

（1）强调国家、民族之间的相互易摧性和敏感性。1977年，美国著名学者罗伯特·基欧汉（Robert O. Keohane）和约瑟夫·奈（Joseph Nye）在他们合著的《权力与相互依赖——转变中的世界政治》中指出，"相互依存即彼此间的依赖，在国际政治中，相互依赖指国家间或者不同国家中行为体之间的相互影响"②。其根本特性主要表现为"敏感性和脆弱性"，敏感性相互依存是指在某种政策框架范围内做出反应的程度，即一国发生的变化导致另一国的变化速度的快慢和付出代价的大小。脆弱性相互依存是指每个国家试图改变政策以减少外部事件强加的代价而遭受损失的程度。也就是说，相互依存是国际社会中不同行为主体之间的影响和制约关系，这种互动的影响和制约可以是对称的或者不对称的。

格哈特·马利（Gerherd Mally）也认为"相互依存是一种复杂的跨国现象，它包含国家之间多层次、多方面的互动模式，并产生了明显的相互敏

---

① 田至立. 全球开放论：中国对外开放政策的新抉择 [M]. 北京：东方出版社，1990：167-169.
② 基欧汉，奈. 权力与相互依赖：转变中的世界政治 [M]. 林茂辉，段胜武，张星萍，译. 北京：中国人民公安大学出版社，1992：12.

感性和脆弱性"。[①] 在他看来,"多层次"指全球、区域、大洲的层次,"多方面"指政治、经济、环境、技术和社会文化等方面。马利还指出,相互依存是一个折中的概念,它被置于孤立主义和超国家主义之间。他还把人类相互依存分为四大类:安全相互依存、生态相互依存、经济相互依存和政治组织相互依存。其中前两类关系主要指人类的生存,后两类重点是国家的福利和政治互动。

（2）社会依存的复合性。罗伯特·基欧汉和约瑟夫·奈的《权力与相互依赖——转变中的世界政治》不仅剖析了权力与相互依存的关系,还提出了"复合相互依存论"。他们指出,复合相互依存具有三个特点:第一,各个社会的多渠道联系。这些渠道包括政府权势人物之间的非正式关系和外交部门间的正式联系,非政府权势人物之间的非正式联系,以及跨国组织之间的联系,等等。这些渠道可以概括为政府间关系、跨政府关系和跨国关系。目前,无论哪种渠道,都使国际联系和依赖大大加强。第二,国家间关系的议题包括许多无明确或固定等级之分的问题。军事安全并不始终是国家间关系议题中的首要问题,许多问题是由通常被认为是国内政策的事务引起的,因此,国内问题与国外问题的区别也变得模糊了。这些问题上如果缺乏充分的政策协调,必然导致各个政府内外产生不同的联盟和不同程度的冲突。第三,军事力量不起重要作用。在复合相互依存占主导地位的情况下,政府通常不会在自己所处地区内或在某些问题上对其他政府使用军事力量。如果在某些问题上借助武力来对付与自己有多种其他关系的主权国家,可能会导致两国在其他问题上的互利关系破裂。换言之,军事手段的适用范围缩小,效用下降。

（3）承认世界多元和平等。相互依存理论首先认定世界是多元的,国际行为主体变为多元主体,具有国际行为能力的国际团体、组织和跨国公司涌现于国际社会,改变了以往国际行为主体的单一性,形成了包括国家、

[①] MALLY G. Interdependence: the European-American connection in the global context [M]. Lexington: Lexington Books, 1976: 5.

国际组织和跨国公司在内的国际关系行为主体的多元结构。同时，由于各国、各民族在历史、文化、宗教等社会条件上的差异，国际社会呈现出明显的多样性和多元化。在多元社会的基础上，相互依存理论主张在国际体系中以平等关系取代等级制，建立平等关系是保持和发展相互依存关系的基础和前提，以对话和谈判的方式处理国际关系，减少相互矛盾和冲突。

（4）主张开放、合作。相互依存理论意识到国家所面临的诸多问题正趋于全球化，即类似能源、人口、环境、粮食、发展等问题已经成为"全球性问题"，单靠个别国家和地区的努力是无法解决的。相互依存理论主张对外开放，反对闭关锁国，认为对外开放既是一个国家经济发展的必由之路，也是经济全球化和相互依存的根本前提。相互依存理论主张经济合作，把经济合作视为建立和发展相互依存关系的基础和动力，通过各种途径，加强不同国家和地区之间的经济交流与合作。

（三）对相互依存理论的评价

相互依存理论首先揭示了人与自然的依存关系。在地球上，人类与自然的相互依存关系是人类生存的关键所在。我们生活在一个地球系统内，这个系统超越了我们的局部欲望和要求。一切生物都像交错的蛛网一样相互依赖着，侵略和暴力会盲目地破坏生存的脆弱关系，从而引起毁灭和死亡。人类与自然界之间所存在的相互依存关系，在当今已成为日益尖锐的全球问题。世界各国只有在全球范围内进行真诚合作并采取联合行动，才能使人类免遭由于地球气候的意外变化所带来的灾难。而对于全球气候环境，没有一个国家能对其要求拥有主权并加以单独治理，也没有一个国家有权要求统治相互连接的全球海洋体系。要把我们赖以生存的地球上相互依存的新知识全面公开共享，制定出协调人类与自然界相互依存关系的全球战略，从而帮助人们逐渐解决无限敏感、具有分裂性的经济问题和政治问题。

相互依存理论也是对人类世界相互依存现象的概括和总结。它反映了当今世界的客观现实，提出了不同国家、民族间相互依存关系日益增强的国际关系的全局性特征，扩大了人们认识世界的视野，强化了人们的全球意识。相互依存理论改变了人们的利益观念，缓解了人们的利益矛盾，增强了人们对合作追求共同利益的愿望和兴趣。同时，它揭示了和平、平等、合作、稳定和共同繁荣的国际大家庭的相互依存关系的内在价值观的要求，增强了不同民族人民和政治家实现相互依存内在要求的信心和历史责任感，提高了各国努力实现相互依存的内在要求的积极性和主动性。在相互依存理论的影响下，民族利己主义、单边主义政策和行为受到抵制，国际主义的政策和行为越来越受到世界各国人民的赞赏和欢迎，为国家关系伙伴化创造了有利的条件，成为国际上相互理解、相互认同、相互宽容和融合的强有力的指导思想。

相互依存理论是一种揭示相互依存发展规律的国际关系理论，是双方或多方相互间的依赖，它是相对于相互孤立、相互隔绝、互不联系、互不影响而言的。国际政治中的相互依存是指以国家为基础的国际行为主体之间的一种互联互动、相互制约、相互影响的关系。就是说，一个国家的政策和行为，既受到其他国家的政策和行为的制约，同时又对其他国家的政策和行为施加影响。

相互依存理论作为一种理论框架，也有其局限性。第一，虽然相互依存理论在原则上也倡导国家间的平等，但实际上还是讲实力。第二，相互依存理论虽然提出要重视第三世界国家的作用，但实际上仍坚持依附关系，认为第三世界国家仍需要依附于强国和富国。军事的作用虽然减弱了，但是在处理与第三世界的关系时仍不失为重要手段之一。第三，相互依存理论虽然也提出全球问题和建立世界秩序的任务，但是实际上主张在不改变国际关系旧秩序的前提下，解决各国共同面临的全球问题。显然，西方学者推崇的是以发达国家为主的相互依存。

（四）相互依存理论与国际理解教育

相互依存理论从不同侧面深刻地揭示了人类世界及人与自然界存在着的不断增强的相互依存现象，主张采用开放合作和尊重多元性的全球意识处理人与人、人与自然的关系。相互依存理论强调教育的价值。在相互依存理论的指导下，教育的一个主要任务就是帮助事实上的相互依赖变成有意识的团结互助。为此，教育应使每一个人都能够通过对世界的进一步认识来了解自己和了解他人。要了解世界，首先要了解人类与其所在环境的关系，从全面看待人类与其环境之关系的角度出发重新安排教育和教学。正如联合国教科文组织的提示，全球的相互依存和全球化是当代的重要现象。它们已经在发挥作用，这就要求人们在大大超越了教育和文化领域的范围内对国际组织的作用和结构进行全面思考；在接受我们的精神和文化差异的基础上，使世人有更多的相互理解，更有责任感和更加团结。教育要有助于人们获得知识，在完成这项世界性任务方面有非常明确的作用——帮助人们理解世界和他人，从而更好地理解自己。①

根据相互依存理论，教育应在不同文化和种族之间促进人们的相互理解，依靠教育领域的国际合作促进世界和平。各国应采取行动，通过教育使其成员了解其他国家或民族的文化，把本国文化放在世界文化背景下来理解，促进受教育者形成对于人类文化统一性的认识，使其意识到各民族成员共同需要的生活条件和共有的愿望，产生对国际主义的责任感。同时，教育应促使人们尊重多元性、相互理解并形成平等价值观，在开展共同项目和学习管理冲突的过程中，增进对他人的理解和对相互依存问题的认识，最终"学会共同生活"。

相互依存理论支持了"国际理解"这一基本的教育价值取向。正如在联合国教科文组织第44届国际教育大会上一位代表所言："没有一个国家能够独立解决如人权、贫穷、文盲、卫生、住房、环境保护、民主和正义等方面的问题。在不断加强的相互依赖国际趋势中，教育的根本使命是维护世界和平、人权和民主，教育人们学会宽容，学会理解不同事物和观念。"

---

① 联合国教科文组织. 教育：财富蕴藏其中 [M]. 联合国教科文组织总部中文科，译. 北京：教育科学出版社，1996：37.

国际理解教育倡导人与自然可持续发展的教育理念。可持续发展教育思想主张人类文明必须走可持续发展道路，恢复人类与自然之间、精神与物质之间、信仰与科学之间的和谐与平衡。不论是教育目的、教育内容、教育手段还是教育过程，国际理解教育都强调贯彻可持续发展理念。这一理念体现了相互依存理论中的人与自然的依存关系。

国际理解教育倡导在相互依存中合作和理解。1974年第18届联合国教科文组织大会通过的《关于促进国际了解、合作与和平的教育以及关于人权与基本自由的教育的建议书》指出：在新的政治、经济和科技相互依赖的条件下深化和发展国际理解教育。1981年联合国教科文组织又编写了国际理解教育指引，明确界定了国际理解教育的目标，认为国际理解教育的主要目标是：培养和平处事的人；培养具有人权意识的人；培养认识自己国家和具有国民自觉意识的人；理解其他国家、其他民族及其文化；认识国际相互依存关系与全世界共同存在的问题，形成全世界紧密联结的意识；养成具有国际协调、国际合作的态度并能付诸实践。

国际理解教育既反对狭隘的民族主义，又反对大国霸权主义。它是以民族自尊为基础的国际主义和以国际理解为基础的民族主义两种思想的统一体现。各国将普遍关注国际和平问题与教育、国际环境问题与教育、国际权力问题与教育、多元文化与教育、全球问题与教育、国际化问题与教育、青少年问题与教育、国际价值观问题与教育、世界人口问题与教育等等国际理解教育的重要领域。教育的使命就是帮助人们在各个不同的民族中找出共同的人性。为了和平，必须发展民主主义。民主主义鼓励国与国之间互相宽容，增进友谊并进行合作。在此基础上，联合国教科文组织于1974年发布的建议书中指出：各民族及各国国民之间的世界性相互依存关系正在日益强化。每一个人准备着参与自己所归属的社会、国家和全球种种问题的解决。人们应该相互理解、相互尊重并以完全平等的地位进行磋商，以期寻求一种共同的基础。这样，教育就必须加强个人的特性并鼓励集中那些能增强个人和民族之间的和平、友谊和团结的各种思想和解决方法。

总之，国际理解教育的基本精神是在关注人们之间的相互依存和相互理解的同时，也关注人们共同面临的全球生态环境问题。国际理解教育充分体现了相互依存思想的两个方面，即人与自然界的相互依存和各国家之间的相互依存。因此，可以说，相互依存理论为国际理解教育提供了深厚的思想根基。

四、文化相对论与国际理解教育

（一）文化相对论的形成与发展

20世纪人类社会进入了全球化时代，人类历史进程发生了从地域性历史到世界历史的巨大转变，不同民族、地域的文化逐渐成为统一的世界文化整体的组成部分。在全球化进程中文化发展日益突显其多样性：文化内容空前复杂，文化主体具有广泛的丰富性，文化形式有了极大的创新性。各种不同的文化在全球范围内的交流日益频繁。特别是20世纪中后期，人类文化的全球化进程获得了加速发展，各种民族、地域文化相互间的冲突、融合加剧。如何认识人类历史上各种不同文化的区别、联系和演变，以便更深入地认识社会历史，促进人类和谐发展，已成为突出的理论问题和现实问题。而传统的进化论则坚持一种普遍主义的文化普同论，具体表现为：（1）早期进化论关心的是全人类文化的总体发展，很少涉及具体的一个社会、一种文化内部结构的组织和发展；（2）认为人类文化的发展是沿着单一的线路进行的，不考虑文化中的生态环境和人文地理因素；（3）认为全人类的心智能力是一样的，因而每个民族都必然经历同样的发展过程；（4）在研究方法上，采用"文化残余"和"文化类比"的方法，把不同的文化现象排列为高低不同的序列，用以代表全人类文化的进化过程。很显然，文化普同论不能够解释全球化时代呈现出来的文化多样性、文化冲突等复杂的人类文化现象。自20世纪以来，人类学界就出现了对文化和社会理论的重新思考，他们不再热衷于观察全人类的历史，而转向基于对社会和文化的内部分析构造理论,承认非西方文化的客观合理性,否定文化的高低比较方法。文化相对论就是在这种背景下应运而生。

文化相对论既是一个哲学问题,也是一个文化人类学中重要的理念问题。文化相对性思想最早可以追溯到 18 世纪,德国哲学家黑格尔(G. W. F. Hegel)提出了尊重所有文化共同体的独特价值,这为近代文化相对论提供了理论渊源。而具有现代意义的文化相对论形成于 20 世纪 40 年代末,盛行于 50 年代。在文化人类学界,公认的最早倡导文化相对论的人是美国人类学家博厄斯(Franz Boas)。后来他的学生克罗伯(A. L. Kroeber)、赫斯科维茨(M. J. Herskovits)、本尼迪克特(Ruth Benedict)等进一步发展了他的思想。埃尔文·哈奇(Elvin Hatch)在其《文化与道德:人类学的价值相对》一书中就总结了文化相对论在 20 世纪中期的这一关键转折。他指出,在西方,现代理性所不能阻止的战争和经济衰退深刻地动摇了人们对西方科学文明自然演进的信念。社会秩序的破坏,对人性的蹂躏,人在种种现代制度和机制面前的彻底无助,使得西方道德价值那原本建立于物质文明之上的自信一下子滑落到崩溃的边缘。在这一现实面前,20 世纪的西方文化相对论一反以前的乐观自信,转受悲观论和怀疑主义所支配。它开始脱出西方中心论的窠臼,以多元视角看待世界文化差异;它开始拒绝文明与原始的文化等级区分,倡导文化平等的观念;它开始摈弃关于西方社会、道德和知识的优越感,而接受非西方价值、信念和制度的合理性。[①] 文化相对论发展到当代,已经成为一门比较成熟的文化人类学理论,文化相对论者的许多观点为建立民主、和谐的全球社会提供了理论依据,也为国际理解教育赋予了深厚的理论依据。

(二)文化相对论的基本内容

作为文化相对论的开山鼻祖,美国人类学家博厄斯早在 20 世纪 20 年

[①] HATCH E. Culture and morality: the relativity of values in anthropology [M]. New York: Columbia University Press, 1983: 32.

代就开始强调，文化人类学的旨趣在于历史上人类文化的差异性。他认为，任何一种文化都是由种种组成部分相互制约、相互配合形成的一种特定格局或模式，这种模式又反过来影响和制约其组成部分的形态。博厄斯也是一个典型的历史特殊论者，他坚持"每一种文化族体都有自己独一无二的历史，这种历史一部分取决于该社会集团特殊的内部发展，一部分取决于它所受到的外部影响"[1]。他强烈反对种族主义和欧洲中心主义，主张种族平等和文化相对。他认为，每一种文化及其组成部分能够保留下来，都有其价值和有用性，但是价值是相对的。在对社会文化的科学研究上，他主张："研究者不受以自己的文化为基础的任何评价束缚。这样可以使研究者清楚地分析各族正常生活状态和受其他文化影响的生活状态。只有我们能够在每种文化自身的基础上深入每种文化及其理想，并把在人类各个部分发现的文化价值列入我们总的研究范围，客观的研究才有可能。"[2]博厄斯还认为，文化的发展具有非规律性。这一主张是针对经典进化论而提出的。经典进化论认为，人类的一切文化都是经由单向的历程发展出来的。博厄斯批评进化论的文化研究范式：这样研究文化，必然流于空泛，无助于对文化特点的具体认识和分析，想建立一个适用于任何地方的任何事例，并能解释它的过去以及预见其未来的概括性的结论是徒劳的。从这一指导思想出发，文化的发展是极为复杂的。文化既可能分化，又可能趋同和融合，原先完全不同的文化，在相互接触后，经过交流，会逐渐地趋于相似。

他的学生克罗伯进一步从民族学角度提出：人类文化是敞开的，不是封闭的也不是突然被创造出来的，而是承上启下的，其与别的文化互相交流，既吸收外来的，又输出自己的。外来文化，只要效用大而且有可接受条件，就会传播得很快。文化是一个整体，大可以分层，如不同阶级、职业、年龄，不同性别、地区等都有着不同的文化。

威斯勒（C. Wissler）认为，"文化是社会集体或部落所表现的文化特质

---

[1] BOAS F. Race, language and culture[M]. New York: Macmillan, 1940: 264.
[2] 波亚士. 人类学与现代生活[M]. 杨成志，译述. 北京：商务印书馆，1985：150-151.

复合的总体"①。他提倡研究这种文化特质复合的分布，并把部落文化作为很多复合体的组合来解释。威斯勒在他的《美洲印第安人》一书中，根据每一个部落的不同文化特质的地理分布，归纳了共有这些文化特质的部落文化，最后把美洲大陆印第安人文化划分为 15 个文化区域。他认为，在部落生活中观察到的所有文化特质都相互有机地联系着。基于上述认识，威斯勒认为文化是由各个层次的单元所组成的一种完整的结构。这种文化结构分为"文化特质""文化丛""文化型""文化区"等。他初步提出了"文化区域"概念。

赫斯科维茨的文化相对论的主要观点是：每个民族的文化都有其独创性和充分的价值，应该用它所属的价值体系来评价它。文化相对论的基本原则是"基于经验下判断，而经验是由每个人按照自己的文化传承来解释的。文化相对主义的核心是尊重差别并要求相互尊重的一种社会训练，强调多样生活方式的价值，这种强调以寻求理解与和谐共处为目的，而不是去评判甚至摧毁那些不与自己原有文化相吻合的东西"②。他强调文化的差异性，认为每一种文化都有其不可重复的独立自主的体系。每一个民族都具有表现在特殊价值体系中的特殊文化传统，并与其他民族文化传统和价值标准无法比较。绝对的价值标准是不存在的，一切文化的价值都是相对的，各民族文化的价值都是相等的，没有"落后"与"先进"之分。

本尼迪克特在其著名的《文化模式》一书中对新墨西哥州的普韦布洛人、温哥华岛上的克瓦基特尔人和美拉尼西亚的多布人的三种原始文化进行了比较研究，发现他们的是非标准和行为标准都截然不同，进而提出了文化模式和文化整合理论。她认为，一种文化，就像一个人，或多或少有一种思想与行为的一致模式，每一种文化内部都达到了一定程度的整合，都有某种主导目的和内在结构，但是各种文化之间是千差万别的。文化是实现人的潜力的一种制度化途径，因此各种文化都是有效的，文化的多样

---

① WISSLER C. Man and culture [M]. New York: Crowell, 1923: 52.
② HERSKOVITS M J. Cultural relativism, perspectives in cultural pluralism [M]. New York: Random House, 1972: 32—33.

性是不可避免的客观存在；不同文化没有优劣高低之分。她认为文化的价值标准和行为标准都是相对的。①

斯宾格勒（Oswald Spengler）从社会文化哲学观出发，反对西方中心论，从全球视野提出了文化相对论的观点，认为不同区域、民族或国家得以区分的本质是信仰、价值观、群我观以及不同文化范式等文化要素构成的文化形态的差异。他在对文化一元论和西方中心论进行批判的基础上，提出了世界文化多元发展的文化相对论。斯宾格勒将世界文化分为古典文化、印度文化、巴比伦文化、中国文化、埃及文化、阿拉伯文化、玛雅文化和西欧文化等地域文化，并认为每一种文化都是一个有机整体。"每一种文化都是凭借原始力量从它的土壤中萌生起来的；每一种文化都把自己的影像印在它的人类身上；每一种文化各有自己的观念，自己的情欲，自己的生活、愿望和情感，自己的死亡。"②

全球化时代的文化冲突论是文化相对论的进一步发展。文化冲突论的主要代表作，亨廷顿（Samuel P. Huntington）发表的《文明的冲突与世界秩序的重建》指出，应把人类社会的发展特别是不同地域的发展归结为人类文化间的冲突，并把人类文明分成八种不同地域文明，"现在以文化和文明来区分国家，要比以政治、经济体制或经济发展水平来区分国家更有意义得多"③。亨廷顿认为，冷战之后的世界冲突不再是基于意识形态的不同，而是基于文明、文化的差异。他认为文明的差异比政治、经济和阶级的差异更具有永恒性，未来世界格局将由不同文明之间的对立互动而构成。

（三）对文化相对论的评价

文化相对论包括认识、观念、思维方式和道德等方面内容，它对各个人文领域中的后现代思想有不同的影响。在社会和文化研究领域，它指的是多元合理性。文化相对论认为，文化观念和社会习惯都形成于特定的

---

① 本尼迪克特. 文化模式 [M]. 王炜, 等译. 北京：社会科学文献出版社, 2009：31-32.
② 斯宾格勒. 西方的没落 [M]. 齐世荣, 等译. 北京：商务印书馆, 1963：20.
③ 亨廷顿. 文明的冲突与世界秩序的重建 [M]. 3版. 周琪, 等译. 北京：新华出版社, 2002：7.

"历史",构成独特的"身份"。任何社会或文化,只要其正常运作,便应视为合理。在政治学或伦理学的领域,文化相对论是反宏大话语和反元理论的。它坚持政治和伦理是一种实践,既不应当受制于任何普遍原则,也不应试图形成任何普遍性的公理结构。它认为权力的基础不是正确的理念,而是正确性不断被争夺的话语。以多元视角看待世界文化差异,它开始拒绝文明与原始的文化等级区分,倡导文化平等的观念,它开始摈弃关于西方社会、道德和知识的优越感,而接受非西方价值、信念和制度的合理性。文化相对论容许"异己"文化,对本文化中的理所当然的部分加以反思,寻求与他文化进一步对话和理解。

文化相对论也是在文化全球化过程中,广大非西方国家反对西方文化殖民主义侵略,消解西方文化霸权的哲学武器,主张任何一种文化都有其自身的独特价值,不同种类的文化形态在价值上是相对的、平等的,不同文化之间无所谓先进与落后、高级与低级之分。它强调世界不同民族文化各自的特色和独特价值,主张文化价值的丰富性和多元化,反对文化霸权和文化单一论。

文化相对论还主张将事物和观念放到其自身的文化语境内进行观照,赞赏文化的多元共存,反对用产生于某一文化体系的价值观念去评判一个文化体系,承认一切文化都有其存在的合理性和价值性,因而应当受到尊重。

在文化相对论者看来,文化差异是现阶段普遍存在的现实,正是这些差异赋予了人类文化以多样性。也正是由于这些差异的存在,各个文化体系之间才有可能相互交流和借鉴,并在相互比照中进一步发现自己。

总的来讲,文化相对论包含三项基本的特质:(1)容许异己文化存在;(2)对本文化中的理所当然的部分加以反思;(3)寻求与他者文化进一步的对话与理解。曾有学者指出,文化相对论的最可贵之处就是"反本文化中心主义",当然,这并不意味着赞同"他文化中心主义"。但是文化相对论的特质,恰恰也蕴含了一种危机:过度强调文化之间的差异,极容易演变成为文化各自独立、内缩、隔绝于外部的局面,导致不同文化之间永远无法理解，即便是理解，也有一定局限。更有甚者，为了保护自我文化，不惜攻击别人的文化，又可能滋生极端的文化民族主义。

（四）文化相对论与国际理解教育

文化相对论承认社会文化有其自身的发展渊源和特性，承认人类文化的多样性和独特性。不同区域、国家、地区，以及不同种族、民族和个体都有自己特有的文化特征，因此世界文化是多元的。文化没有优劣好坏之分，没有统一的评价标准，一种文化的规范与否取决于自身文化经验类型。文化相对论承认文化的多样性和多元化，认为文化冲突的存在是必然的，因此它坚决反对文化霸权和文化中心主义，强调文化自尊和对他文化的理解、尊重和接纳。

反映在教育上，文化相对论强调多元文化教育，加强不同文化之间的理解和认同。正如博厄斯在给他儿子的信中所说："我们的学校应该给我们的孩子良好的文化教育，使之善于欣赏他族文化，以代替他们被人工培养出来的猜忌和对抗。"[1] 文化相对论的多元文化观为我们思考当今世界文明和教育的价值取向提供了新的思维框架，那就是：各民族的文化都有其存在的合理价值，未来教育应该是培养人们在不同文化共生和交融的时代中学会共处，学会理解彼此。

文化相对论认为，知识在人类生活和社会发展中占有极为重要的地位，但是知识不是中性的，其内容以及构成方式不仅受特定的政治、经济和社会关系制约，更受到制造和传播知识的人的兴趣和立场的影响。[2] 教育是传播知识的重要过程，又是塑造公民群体的关键过程。为了适应变化了的社会，教育中的"文化压迫"现象，即对非主流文化的排斥和曲解必须改变。文化相对论思想意图通过多元文化教育和国际理解教育，帮助学生了解国际社会目前存在的种族歧视、性别歧视和贫穷等问题的文化根源，克服和

---

[1] SILVERMAN S. Totems and teachers, perspectives on the history of anthropology [M]. New York: Columbia University Press, 1981: 14.

[2] BANKS J. Multicultural education as an academic discipline [J]. Multicultural Education, 1993, 1(8): 61–62.

消除对其他民族和族裔文化的误解，解除他们对日趋激烈的文化冲突的恐惧，培养他们对群体差异的欣赏，鼓励他们采用一种民主、平等而非等级制的观点来看待国际社会的群体差异，最终培养他们在由多元民族和种族组成的国家以及相互依存的世界中进退自如的能力。而"国际理解教育"强调的正是真正的文化对话。文化对话作为一种文化上的"人际关系"发生过程，体现为现在与过去的对话，解释者与文本的对话，解释者与解释者的对话。国际理解教育认为，掌握外族语言是理解异族文化的重要条件。克服语言障碍将有助于减少"文化独白""自言自语"的封闭与隔离的状况，有助于推动文化间的交流。

国际理解教育强调文化价值观的自我建构，自我建构的价值有助于形成和平文化，排除对异域文化的歧视与仇恨。国际理解教育强调给予人权以普遍意义的一套道德价值观念和态度，必须发展一种各种文化所共同认可的价值观即"和平文化"，比如尊重、宽容、民主、正义、仁爱与和平等等。

国际理解教育强调动态的文化理解。这包括两层含义：其一，理解是历史的。要丰富文化视界，真正接受外来异域文化，理解其文化要义，只有认真学习其文化发展史。其二，理解是运动的。国际理解是一个不断变化、不断发展和不断生成的开放的动态过程。对异域文化的理解也是在不同文化的相互渗透、相互交流的过程中完成的。静止的、凝固的文化理解，将导致对异族文化刻板、狭隘和破碎的认识与理解，使文化之间的"文化差异"人为地僵化与扩大。

《第44届国际教育大会宣言》和《为和平、人权和民主的教育综合行动纲领》标志着"国际理解教育价值观"在理论与政策上的确立，这种价值观既体现了全球化时代的基本精神，也是文化相对论在教育上的具体体现。国际理解教育的这些基本精神和内涵，深刻地体现了文化相对论思想。同时，文化相对论蕴含着国际理解教育的理念内涵，为多元文化世界的国际理解教育的形成和发展提供了深厚的文化理论基础。

"人类命运共同体"作为描述人类未来发展趋势及其特征的基本概念，赋予了当今社会新的时代表征，并日益成为各种社会理论和思想的逻辑起点。"全球化"是其观照的重要领域。全球化首先表现为经济全球化,不同派别的经济全球化理论都深刻地揭示了这样一个道理:人类活动范围开始走向世界化,信息传播走向全球化,整个世界正在紧缩为越来越小的"地球村"。在全球化时代,人与自然的相互依赖日益强烈,不同民族国家、地区和人们之间的相互依赖构成了全球性的多维联系网络。正如相互依存理论的精辟论断所言:我们生活在一个相互依存的时代,世界各国在经济、交流和人类理想等方面已变得相互依赖了。

国际理解教育也是在全球化占主导的时代背景下提出来的。国际理解教育作为国际教育的重大主题确立起来是在"二战"以后。1972年诞生了一份在世界上产生了持久影响的经典教育报告,这就是由联合国教科文组织国际教育发展委员会所撰写的《学会生存——教育世界的今天和明天》,该报告在谈到未来教育目的的时候把国际教育视为重要内容,指出:"教育的使命就是帮助人们在各个不同的民族中找出共同的人性。""为了和平,必须发展民主主义。民主主义鼓励国与国之间互相宽容,增进友谊和进行合作。"在此基础上,联合国教科文组织于1974年颁布了《关于促进国际了解、合作与和平的教育以及关于人权与基本自由的教育的建议书》,该建议书指出:"所有阶段及形态的教育都应具有国际侧面与世界性视点";"对所有民族及其文化、文明、价值及生活方式(全国各民族文化及他国文化)的理解与尊重";"认识各民族及各国国民之间世界性相互依存关系正在日益强化";"每一个人准备着参与自己所归属的社会、国家和全球种种问题的解决"。联合国教科文组织的这两部文献标志着国际理解教育进入了崭新的历史阶段。

冷战结束以后,国际交往的性质发生了深刻变化,世界呈多极化发展的格局。加之进入20世纪90年代以后,以网络通信为标志的信息技术迅猛发展,这为人类全面进入"全球化时代"奠定了基础。然而暴力、种族歧视、仇外情绪、寻衅的民族主义、文化排斥、恐怖主义等现象并未终结,反而具有了新的性质。在这种背景下,联合国教科文组织《第44届国际教育大会宣言》及相应的《为和平、人权和民主的教育综合行动纲领》再一次肯定了"为和平、人权和民主的教育之最终目标,是发展每个人的普遍价值感和各种行为方式,而和平文化正是基于此而被预示的,因此有可能在不同的社会-文化环境下识别那些能被普遍认可的价值观念。"[1] 因此,人们应该相互理解、相互尊重并以完全平等的地位进行磋商,以期寻求一种共同的基础。这样,教育就必须加强个人的特性并鼓励集中那些能增强个人和民族之间的和平、友谊和团结的各种思想和解决方法。

可以说,人类命运共同体理论、经济全球化理论、相互依存理论和文化相对论四大理论为国际理解教育提供了深厚的思想基础,国际理解教育具有存在和发展的合理性和可能性,成为当今全球重要的教育理念和价值取向。

---

[1] 联合国教科文组织. 全球教育发展的历史轨迹:国际教育大会60年建议书[M]. 赵中建,主译. 北京:教育科学出版社,1999:512–513.

第四章

国际理解教育的目的

国际理解教育的目的是什么？这似乎是一个清楚明了又需要深入阐明的问题。说它清楚明了，是因为联合国教科文组织对此有清楚明了的表述；说它需要深入阐明，是因为在国际教育援助中，受援国对援助国及其他国际组织（包括世界银行、联合国教科文组织）传播、附加的文化教育理念、价值观念等并不完全认同，往往存在一些矛盾或冲突，其核心是民族国家的利益和观念与全球化、共同体、相互依存理念的矛盾。这使得在国际教育援助活动中，开展国际理解教育十分艰难。关于国际理解教育的目的，应该从两个维度论述：一是在国际教育援助中，或者说在国际教育交流与合作中，我们应该坚持联合国教科文组织提出的教育目的，适当兼顾民族国家的价值诉求；二是在我国开展国际理解教育时，我们应对联合国教科文组织倡导的教育目的给予恰当的改造，提出自己的国际理解教育目的观。

一、联合国教科文组织倡导的国际理解教育的目的

联合国教科文组织1994年在日内瓦召开了第44届国际教育大会，主题是"国际理解教育的总结与展望"，并发布了《第44届国际教育大会宣言》和《为和平、人权和民主的教育综合行动纲领》（以下简称《行动纲领》）[①]。出席第44届国际教育大会的各国教育部部长"深深关注暴力、种族歧视、仇外情绪、寻衅的民族主义以及违反人权的现象，关注宗教的不宽容和以各种形式出现的恐怖主义，并关注日益扩大的富国与穷国之间的差距，而这些现象正威胁着各国和国际的和平与民主的巩固，而且还阻碍着发展。……相信教育政策必须有助于增进个人之间及种族、社会、文化和宗教群体和主权国家之间的理解、团结和宽容；相信教育应该促进有助

---

① UNESCO. International conference on education, forty-fourth session, final report [R]. Geneva: International Bureau of Education, 1995.

于尊重人权和积极承担维护这类权利,并有助于建设一种和平与民主之文化的知识、价值观、态度和技能等"①。

《行动纲领》明确指出了为和平、人权和民主的教育的最终目的:一是教育必须发展每个人的普遍价值观和各种行为方式,和平文化正是基于此而被提出的,即在不同的社会-文化背景下,也能识别那些被普遍认可的价值观念;二是教育必须发展尊重自由的能力和面对挑战的技能,这意味着使公民做好准备以应付困难而又变化莫测的形势,并使他们能够独立自主和承担责任;三是教育必须发展承认并接受存在于个人、男女、各种民族和文化之中的价值观的能力,并发展同他人进行交流、分享和合作的能力;四是教育必须发展非暴力解决冲突的能力,因此,教育还应促进培养学生思想中的内在和平观,这样他们就能够更牢固地形成宽容、同情、分忧和相互关心的品质;五是教育必须培养公民做出明智选择的能力,不仅使他们能够基于对当前形势的分析和对未来的憧憬进行判断和行动;六是必须教育公民尊重文化遗产、保护环境,并采取有利于可持续发展的生产方式和消费方式;七是教育应该从一种长期均衡发展的角度出发,培养在国家和国际范围内的团结和公平的感情;八是教育必须担负起培养"全球公民"的责任和义务。②与历届会议不同,第44届国际教育大会以宣言和行动纲领的形式作为会议的总结性文件,以代替以往的建议。这在国际教育大会的历史上尚属首次,更表明出席会议的各国代表团对贯彻执行会议精神的决心和承诺。同时,这也是联合国教科文组织首次提出国际理解教育的目标,并且将其具体表述为"全球公民"。因此,在国际教育援助活动中,我们可以在兼顾民族性的基础上沿用培养"全球公民"的概念。

---

① 联合国教科文组织. 全球教育发展的历史轨迹:国际教育大会60年建议书[M]. 赵中建,主译. 北京:教育科学出版社,1999:509.
② 同① 513.

二、我国国际理解教育的目的

（一）我国国际理解教育目的的理论基础

1. 集体主义、爱国主义和社会主义是我国国际理解教育目的的性质定位

教育目的是一种与社会理想相联系的教育理想，它自然要受社会理想制约。一个国家在确定教育目的时，除了要考虑生产力和政治制度的因素，以及年青一代的身心发展规律，还必须以其政治观点、政治理想作为指导。不同的国家、社会有不同的教育目的。我国国际理解教育的目的是以集体主义、爱国主义和社会主义作为其性质定位的。

培养社会主义现代化事业的建设者和接班人，体现了我国教育目的的社会主义方向，是社会主义教育的根本宗旨，从根本上把社会主义教育目的与国外的教育目的在本质上区别开来，国际理解教育也不例外。集体主义是社会主义国家和社会的本质属性，集体主义是社会主义的基本原则。它从人民大众的根本利益出发，处理个人与集体、个人与社会之间的关系，强调人民大众的集体利益高于个人利益，要求个人利益服从集体利益、眼前利益服从长远利益、局部利益服从全局利益，我国的国际理解教育应高举集体主义旗帜。爱国主义是个人或集体对祖国的一种积极和支持的态度，揭示了个人对祖国的依存关系，是人们对自己家园以及民族和文化的归属感、认同感、尊严感与荣誉感的统一。爱国主义主要表现为民族自尊心和民族自信心，为保卫祖国和争取祖国的独立富强而献身的奋斗精神，它是每个国家人人应该具备的基本品质，是每个人发自内心的情感，也是我国国际理解教育目的的应有之义。

2. 马克思主义人的全面发展学说是我国国际理解教育目的的理论基础

教育部制定的《义务教育课程方案》（2022年版）指出，义务教育培养目标"要在坚定理想信念、厚植爱国主义情怀、加强品德修养、增长知识见识、培养奋斗精神、增强综合素质上下功夫，使学生有理想、有本领、有担当，培养德智体美劳全面发展的社会主义建设者和接班人"。[①] 这个教育目的体现了马克思主义关于人的全面发展的思想。它首先明确规定了我国教育目的的社会主义性质和方向，同时指出了培养社会主义建设人才的基本要求——全面发展的个人。

马克思主义关于人的全面发展的学说建立在历史唯物主义和剩余价值学说的理论基础上，它把人的全面发展既看成现代化大生产的客观要求，又看成对共产主义新人的理想蓝图的描绘。

马克思主义关于人的全面发展论述内涵丰富：(1) 人的全面发展是指基于人的物质生产生活的劳动能力的全面发展。也就是说能够适应极其不同的劳动需求，并在交替交换的职能中，使自己先天的和后天的各种能力得到自由发展。这种劳动能力的全面发展，既表现为人的体力和智力的全面发展，又表现为人的才能和志趣的全面发展。(2) 人的全面发展指的是人的才能的全面发展。正如马克思、恩格斯在《德意志意识形态》中所说的"任何人的职责、使命、任务就是全面地发展自己的一切能力""每个社会成员都能够完全自由地发展和发挥他的全部力量和才能"。(3) 人的全面发展指人自身的全面发展，它意味着人以一种全面的方式，占有自己的全面的本质。(4) 人的全面发展指个人的自由发展。所谓人的全面发展，即指人的体力和智力的充分、自由、和谐的发展。马克思从分析现实的人和现实的生产关系入手，指出了人的全面发展的条件、手段和途径。他认为，人的发展同其所处的社会生活条件是相联系的，旧式分工造成了人的片面发展，机器大工业生产提供了人的全面发展的基础和可能，社会主义制度是实现人的全面发展的社会条件，教育与生产劳动的结合是培养全面发展的人的唯一途径。人的全面发展必须建立在人的劳动活动全面发展的基础上。马克思指出：自由自觉的劳动是人类的特性，是人区别于动物的本质性活动；人类社会发展的历史已经证明人类在劳动中产生，人类因劳动的

[①] 中华人民共和国教育部. 义务教育课程方案：2022 年版 [M]. 北京：北京师范大学出版社，2022：2.

异化而异化，因劳动的解放而解放，因劳动的发展而发展。[①] 因此，人的全面发展必须建立在人的劳动活动全面发展的基础上。马克思强调，"教育与生产劳动相结合，不仅是提高社会生产的一种方法，而且是造就人的全面发展的唯一方法。"[②]

马克思主义关于人的全面发展的学说确立了科学的人的发展观，指明了人的发展的必然规律，并为我们制定国际理解教育的目的提供了理论依据，国际理解教育的目的应该包括人的全面发展的理论内涵。

3. 马克思主义"实践理解哲学"是我国国际理解教育目的的理论支撑

马克思主义的实践观告诉我们，实践活动是总体性的，现实世界的各个方面都不过是实践的展开形式或创造结果，因此，应当"把事物、现实、感情……当作实践去理解"[③]。这是马克思主义实践观的根本主张，它不仅告诉人们只有把事物当作实践去理解才能抓住现实世界的本质，也告诉人们只有这样做才能确立一种正确理解现实世界的方式。因此，马克思主义的实践观不仅是正确把握现实世界的世界观，也是正确展开理解活动的理解观。

立足马克思主义实践观的理解论，其理论原则应当包括：（1）实践性原则，直面实践中发生的理解活动，把理解看作实践过程的一个基本方面，并把它同实践过程的另一基本方面——物质活动过程统一起来把握；（2）总体性原则，坚持把握人类理解活动的综合性和全面性，不仅要在实践及理解的两种基本关系和两种基本属性的统一中把握理解活动，还要在知情意合一、真善美统一等各方面的综合中把握理解活动；（3）辩证性原则，在总体联系中坚持对事物进行批判的理解，不仅要揭示理解活动中语言、符号、视界、交往与共识等表层现象之间的联系，而且要揭示这些表层理解现象同本能、体验、信念、传统、利益和意义等深层理解现象的内

---

① 中共中央马克思恩格斯列宁斯大林著作编译局.马克思恩格斯文集：第一卷[M].北京：人民出版社，2009：162-164.
② 马克思，恩格斯.马克思恩格斯全集：第二十三卷[M].北京：人民出版社，1972：530.
③ 同① 499.

在联系；(4) 历史性原则，主张在经济、政治与文化等各种现实活动交织而成的具体历史过程中，在决定论与选择论的动态统一中，把握理解活动的创造与发展。①

显然，马克思主义的"实践理解论"为国际理解教育的目的提供了分析框架，为全面、准确、客观地表述国际理解教育的目的提供了理论支撑。我们提倡的国际理解教育的目的应该是立足人文关怀的，是以全人类为中心的，是相互平等的；是立足中国实践，具有中国特色的；是对生命充满敬畏的，是经验的；是理性多元的，是内含价值承诺的，是实践的主客体的统一。

（二）我国国际理解教育目的的内涵

我国国际理解教育的缘起可追溯到 20 世纪 80 年代。1983 年 9 月，邓小平在为景山学校题词时指出，"教育要面向现代化，面向世界，面向未来"。1985 年《中共中央关于教育体制改革的决定》将邓小平的"三个面向"作为未来我国教育发展的战略方向。这可以被视为改革开放后我国的国际理解教育政策，但它没有明确指出国际理解教育的目的。

直到 2010 年，"国际理解教育"这一名词才正式出现在国家政策文本中。《国家中长期教育改革和发展规划纲要（2010—2020 年）》（以下简称《教育规划纲要》）第十六章"扩大教育开放"提出，面对国际化，我们应努力"借鉴国际上先进的教育理念和教育经验，促进我国教育改革发展，提升我国教育的国际地位、影响力和竞争力，适应国家经济社会对外开放的要求，培养大批具有国际视野、通晓国际规则、能够参与国际事务和国际竞争的国际化人才"，"加强国际理解教育，推动跨文化交流，增进学生对不同国家、不同文化的认识和理解"。概括而言，我国政府实施国际理解教育的重要目的一方面在于培养国际化人才，另一方面则是增进学生对不同国家、不同文化的认识与理解。

---

① 刘少杰. 西方理解论的冲突与超越 [J]. 吉林大学社会科学学报，1994 (3)：77–82.

我们倡导的国际理解教育是建立在国家认同基础之上的。"国家认同"要求学生具有国家意识，了解国情历史，认同国民身份，能自觉捍卫国家主权、尊严和利益；具有文化自信，尊重中华民族的优秀文明成果，能传播弘扬中华优秀传统文化和社会主义先进文化；了解中国共产党的历史和光荣传统，具有热爱党、拥护党的意识和行动；理解、接受并自觉践行社会主义核心价值观，具有中国特色社会主义共同理想，有为实现中华民族伟大复兴的中国梦而不懈奋斗的信念和行动。

我国国际理解教育培养的人才应具备以下七种素质：宽广的国际化视野和强烈的创新意识；熟悉掌握本专业的国际化知识；熟悉掌握国际惯例；具有较强的跨文化沟通能力，具有独立的国际活动能力，具有较强的运用和处理信息的能力；具有较高的政治思想素质和健康的心理素质，能经受多元文化的冲击，在做国际公民的同时不至于丧失中华民族的人格和国格。

综上所述，我国国际理解教育的培养目标可以归纳为：培养具有家国情怀、具有坚定的中国特色社会主义理想信念、具有中华民族伟大复兴责任担当的时代新人——有理想、有本事、有担当的中国人。

第五章

◆

国际理解教育的基本内容

随着时间的推移，国际理解教育逐渐从一个标准框架演变成了一个能够被实际运用的课程内容，用来促进各国和地区教育的国际化。"学会求知""学会做人""学会做事"和"学会共同生活"成为国际理解教育的基本追求。

联合国教科文组织作为各国国际理解教育的"领航者"，在促进世界范围国际理解教育的发展上发挥了重要的示范作用。在国际教育援助主体日益多样化、援助内容日益复杂化、援助利益日益多元化的背景下，国际理解教育的内容逐渐走向制度化，其内容也越来越丰富。开展教育援助，必须同时实施如人类共同价值观教育，国际理解观教育，和平文化教育，可持续发展教育，全球责任意识教育，人与自然和谐共生意识的教育，生命教育，国际治理的全球性倡议、议程、制度、规则、建议、目标、计划教育等基本内容。

一、人类共同价值观教育

2015年9月28日，习近平在纽约联合国总部出席第七十届联合国大会一般性辩论，发表题为《携手构建合作共赢新伙伴 同心打造人类命运共同体》的演讲，指出："和平、发展、公平、正义、民主、自由，是全人类的共同价值，也是联合国的崇高目标。目标远未完成，我们仍须努力。当今世界，各国相互依存、休戚与共。我们要继承和弘扬联合国宪章的宗旨和原则，构建以合作共赢为核心的新型国际关系，打造人类命运共同体。"习近平提出了全人类的共同价值，为积极培育和践行国际理解教育指明了方向，丰富了内涵，提供了基本遵循。

（一）社会主义核心价值观

价值观是人们对事物价值的总的看法和根本观点。价值观具有不同的层次，居于内核与本质层面的价值观就是核心价值观。社会主义核心价值体系包括马克思主义理论（灵魂）、中国特色社会主义、共同理想（主题）、民族精神和时代精神（精髓）和社会主义荣辱观（基础）。在中国开展国际理解教育必须以此为根本遵循。

党的十八大报告指出，我们应倡导富强、民主、文明、和谐，自由、平等、公正、法制，爱国、敬业、诚信、友善等精神，积极培育和践行社会主义核心价值体系。2013年12月发表的《关于培育和践行社会主义核心价值观的意见》，将这24个字总结为社会主义核心价值观的基本内容，因此，在我国开展国际理解教育应与培育和践行社会主义核心价值观一体推进。培育和践行社会主义核心价值观是中国凝魂聚气、强基固本的基础工程和根本任务。未来我们应该把弘扬全人类共同价值纳入社会主义文化强国建设和主流价值塑造的重大工程，加以谋篇布局，并且共同推进、一体发展，使得二者相得益彰、相互协调。

（二）全人类共同价值观

人类共同价值是人类生存和发展的基础。马克思主义认为，人类的历史是由自己创造的，但并不是随心所欲创造的，而是在既定的条件下创造的。同样地，对人类共同价值的需求也产生于当前的国际形势和世界格局。习近平指出："世界格局正处在一个加快演变的历史性进程之中，和平、发展、进步的阳光足以穿透战争、贫穷、落后的阴霾。世界多极化进一步发展，新兴市场国家和发展中国家崛起已经成为不可阻挡的历史潮流。经济全球化、社会信息化极大解放和发展了社会生产力，既创造了前所未有的发展机遇，也带来了需要认真对待的新威胁新挑战。"[①] 可以说，当今世界发展趋势虽然总体向好，但问题也层出不穷，特别是非传统安全问题频发。因此，国际社会各行为主体需要摒弃冷战思维与零和博弈思想，呼唤一种参与主体广泛认可的、以保持世界良好发展为目的的共同意识和原则，从

---

① 习近平.携手构建合作共赢新伙伴 同心打造人类命运共同体：在第七十届联合国大会一般性辩论时的讲话[N].人民日报，2015-09-29（2）.

而形成具有一定约束力的处理机制和国际规范，这种规范就是一种全球价值观，即人类共同价值，是人类价值观的共性。

（三）作为国际理解教育基本内容的人类共同价值观教育

第一，培养以社会主义核心价值观为基础的人类共同价值观。一方面，推动以社会主义核心价值观为基本内容的中国价值观的承接、延续，推进更人道、更合理的全人类共同价值，必须积极吸收借鉴全人类的文明成果，汲取不同国家、不同民族所特有的和人类共有的优秀价值观建设的精华、经验，把它们作为社会主义核心价值观的重要来源和有益补充。另一方面，将全人类共同价值与社会主义核心价值观相对接、相结合，从中深度挖掘价值资源，以不断丰富、创新和发展全人类共同价值的内容和形式，为人类社会的价值共振、价值共识、价值整合、价值引导提供中国方案、中国智慧。

第二，培养相互尊重、平等交流和全球眼光的价值观。自威斯特伐利亚体系形成以来的传统国际秩序观念，潜藏着西方文化中心主义的文化观，以西方价值观念和制度设计作为理想模型，并倚仗其强大的经济政治实力向全世界推广。国际旧秩序的发展困境折射出西方中心主义文化观的危机，文明之间的非平等性与非对话性的旧式观念理应由文化交往达成的价值共识所超越和取代。人类命运共同体既是和衷共济的责任共同体和互惠共赢的利益共同体，也是和而不同的文化共同体。"和羹之美，在于合异。""不同文明凝聚着不同民族的智慧和贡献，没有高低之别，更无优劣之分"[①]，在文明交往中坚持"以文明交流超越文明隔阂、文明互鉴超越文明冲突、文明共存超越文明优越"[②]。

人类共同价值观倡导的文化观念，既不是对前现代社会中文化未开化状态的简单复归，也根本异质于建立在资本逻辑同一性基础上的抽象普遍

---

① 习近平. 习近平谈治国理政：第二卷 [M]. 北京：外文出版社，2017：524.
② 同① 513.

主义，而是面向人类文明新形态构建的平等对话。不同文化的交融对青少年国际理解教育具有基础性和建设性意义，引导学生尊重不同民族和国家文化的独特性，在互学互鉴中为破解青少年精神价值领域的共性问题提供方案，为携手建设人类共有精神家园贡献智慧。

第三，培养立足中国实际、放眼世界的价值观。"一个民族、一个国家的核心价值观必须同这个民族、这个国家的历史文化相契合，同这个民族、这个国家的人民正在进行的奋斗相结合，同这个民族、这个国家需要解决的时代问题相适应。"[①]青少年人类共同价值观教育应当具有明确主体和鲜明主题，不能被取代和移植。中国倡导的国际理解教育，要始终秉持高度的主体自觉，坚定中国本位的价值理念，坚定中国特色社会主义的道路自信、理论自信、制度自信和文化自信。

对国外国际理解教育的借鉴应当坚持以下三个基本原则：一是始终坚持马克思主义的立场、观点和方法，理性审视国外青少年国际理解教育的理论实质与解释限度，客观评价其时代意义与历史局限，在全球文化软实力博弈中辨明正误，坚决抵制"普世价值"、历史虚无主义及新自由主义等错误思潮的传播扩散。二是始终坚持"立足本来、吸收外来、面向未来"，聚焦新时代中国特色社会主义建设的根本要求，在古今中西思想资源的综合创新中建构出对当今时代具有较强分析功能和指导意义的概念框架与解释原则，使国际理解教育成为植根本土经验、表征人类文明的开放体系。三是始终坚持"以我为主、为我所用"，辩证理解国际理解教育自身具有的普遍性与特殊性、全球性与地方性、世界性与民族性等多重内涵，推动研究方式从"翻译引介－接受传播"转向"本土转化－自我建构"，形成真正具有中国特色、中国气派、中国风格的新时代青少年人类共同价值观教育理论体系。

第四，培养美美与共、天下大同的价值观。共同的时代境遇与共同的教育使命迫切地要求中外各国的国际理解教育充分尊重各自的历史发展、

---

① 习近平.青年要自觉践行社会主义核心价值观[M].北京：人民出版社，2014：9.

传统文化和价值取向，重视差异性、多样性和平等性，各美其美，美美与共，推动青少年共同价值观教育领域的高水平合作。在世界历史与文明的时空交汇中激活国际理解教育的创造力，在全球治理与国家治理的相互贯通中创生出崭新形态。只有如此，人类才有未来，人类才有希望。

第五，培养共同价值观必须语境转换、语义更新。要创新共同价值观教育的理论体系。首先，要构建融通中外的国际理解教育的新概念、新范畴、新表达。整合国际话语与国内话语、政治话语与学术话语、理论话语与大众话语，阐释好共同价值观的历史意义、时代意义和世界意义，发挥好民心相通、文明互鉴的职责使命。其次，要丰富国际理解教育的文化资源。在中华优秀传统文化、马克思主义和西方文化思想三者的会通中，汲取和提炼中华民族在追寻"大同""小康"的"天下"理想中，形成的"天下为公""协和万邦""讲信修睦"等价值理念；凝练概括马克思批判资本主义社会"虚幻的共同体"与追求共产主义社会"真正的共同体"的价值旨趣；批判和借鉴当代西方思想家反思现代性与批判资本主义社会的思想观点，使国际理解教育既体现意识形态的本质规定，又富于学理性的思想意蕴。最后，要提升共同价值观教育中的制度性话语权。在参与"一带一路"建设与全球治理体系改革等实践中，面向国际社会中不同国家、地区及国际组织的青少年群体，讲好中国故事、传播好中国声音，提升人类共同价值观的国际认同。[①]

第六，培养共同价值观必须重视教育引导。教育引导是培育和弘扬全人类共同价值的基础性工作，应当把和平、发展、公平、正义、民主、自由的价值观渗透到学校教育教学之中，体现在学校日常管理之中，做到进教材、进课堂、进头脑。运用各类文化形式生动具体地表现全人类共同价值，借助精神文化产品潜移默化地用全人类共同价值的思想观念、价值判断、道德情操影响人们。广大教师肩负着传道、授业、解惑的神圣职责，

---

① 杨晓慧. 构建人类命运共同体视域下青少年价值观教育的中国特色与国际视野 [J]. 思想政治教育研究，2018，34（4）：18-21.

是培育和践行全人类共同价值的重要依托。要充分发挥教师的教育引导作用，用好课堂讲坛，用好校园阵地，使全人类共同价值润物细无声地浸润学生们的心田、转化为日常行动，增强学生的价值判断能力、价值选择能力、价值塑造能力。

第七，培养共同价值观必须注重实践养成。一方面，培育和践行全人类共同价值要循序渐进，做到"久久为功"，以使人们能够逐渐认知、认同。另一方面，要做到知行合一，使全人类共同价值日常化、具体化、形象化、生活化，使每个人都能感知它、领悟它，内化为精神追求，外化为实际行动，从而在理论与实践的统一中切实养成全人类共同价值的思想观念。

二、维护国家利益前提下的国际理解教育

尽管联合国、联合国教科文组织以及亚太地区国际理解教育中心等国际机构多次申明增进国际理解是国际教育的基本价值取向，但是，当前各国在具体开展国际理解教育的时候，在国际教育援助、合作与交流、外语教育、国际问题研究等广泛活动中，总是把国家利益和民族利益放在头等重要地位。实施国际理解教育、开展国际教育交流与合作主要是为了增进本国的教育和国家利益，以促进本国教育的发展乃至国家的发展和安全。显然，国际理解教育既包括"国际理解"这一层面，又包括"维护国家利益"的层面。

（一）日本的国际理解教育

"二战"后，日本在联合国教科文组织的倡导下，积极提倡"相互理解"的国际理解教育，并于1953年加入了"联系学校计划"。日本开展国际理解教育的历史过程在不同程度上体现了本国利益至上的思想。从历史发展来看，日本国际理解教育大致经历了四个阶段。

第一阶段："二战"后到20世纪60年代中期。

"二战"后，日本对战争期间的军国主义教育进行反思的同时，积极发展"和平教育"，希望通过"和平教育"实现世界和平与稳定。与此同时，"教育民主化"成为日本战后教育改革的基本指导思想。1956年，日本中央教育委员会出台《加强教育、文化、艺术和科学的国际交流》报告，强调要致力于世界和平文化发展和整个人类幸福，这对日本来说是极其重要的。这一阶段，日本国际理解教育与联合国教科文组织所倡导的国际理解教育理念基本保持一致，日本在全国各级学校自发组织了许多"联合国教科文组织合作协会"和100多个联合国教科文组织俱乐部，并成立国际理解教育常务协会，积极参与"联系学校计划"。[①] 这一阶段，"增强人们的人权意识"成为日本各级学校价值观教育的根本目标。

第二阶段：20世纪60年代后期到70年代。

20世纪60年代后期，日本经济获得了快速发展，教育的经济主义开始滋生，政府的国际理解教育政策逐渐偏离联合国教科文组织的初衷。这一政策转向体现在1974年中央教育委员会发布的一份报告中，这份报告同1956年的《加强教育、文化、艺术和科学的国际交流》报告标题一致，但是1974年报告所强调的"国际交流"与1956年报告不同，声称要培养能在国际社会受到信任和尊重的日本国民，并把加强外语教育、国际理解和海外日本学童教育作为国家教育发展优先项目。国际理解教育的目标转向"让孩子们具有在未来全球化商业社会中能够工作的信心和能力"的国家经济目的。[②] 这份报告把外语教育列入国家教育发展的高度优先计划。报告认为，日本国民的外语能力极其匮乏，已经成为阻碍国际交流的重要因素，学校课程应该特别重视英语教育。

值得强调的是，这一时期海外日本学童教育和归国学童教育的实质是，消除这些学童所有国外的知识和生活习惯，教育他们重新适应日本生活方

---

① APCEIU. Sub-regional ASP teachers workshop on education for sustainable development in North East Asia [R]. APCEIU Ichon Centre, 2003: 46.

② SATO C. Education for international understanding in Japan: Japanese self-identification and the discourse of internationalization after the second world war [J]. Intercultural Education, 2004, 15(2): 209−219.

式。这其实是一种极端"消除外国素养"的适应性教育，带有强烈的国家主义倾向。正如经合组织调查员所批评的："日本必须改变它对世界的根本态度，即不能把世界看成提供原料与销售制成品的市场，而应看成国际团结与合作的舞台。"①

第三阶段：20 世纪 80 年代。

这一阶段，日本走向"泡沫经济"时代，日元表现出强劲势头。为了谋求更廉价的劳动力，越来越多的日本公司开始涌向发展中国家，同时国外劳动力移民不断增多。1987 年 4 月，日本临时教育审议会关于教育改革的第三次审议报告提出：教育改革要适应国际化的时代变化，在各个领域、各种水平上广泛开展国际教育信息交流，开展国际理解教育；为海外日本学童以及归国学童提供入学方便；加强外语特别是英语教学；培养以互尊互重为基础的善于处理人际关系的社交能力。② 教育课程委员会在 1987 年 12 月的报告中又提出了"为了 21 世纪人的发展""国际理解""尊重日本文化传统"等课程理念。这些建议很快在 1989 年修订的国家标准化课程中得到凸显。可以说，这一时期日本国际理解教育得到了大力推广，但是基本价值取向仍然是培养具有"国家自觉"（national identity）的"日本人"。这一时期国际理解教育的另一个特征是大力开展发展教育，向发展中国家提供发展援助。开展国际援助，日本把国家利益和民族利益放在头等重要位置，并附加一定的政治承诺。

第四阶段：20 世纪 90 年代至今。

20 世纪 90 年代以后，日本"泡沫经济"破裂，经济萧条，人们丧失信心。但是，日本又不得不面对全球竞争，教育政策开始向高学术成绩方向倾斜，以解决国际竞争问题，并强调国家主义，维护在全球化世界中的国家利益。经济的不景气与国家主义激发了大多数日本人的仇外的社会态度。

国家主义在中央教育委员会 2004 年 3 月的报告中表现得很明显：强调

---

① 小林哲也.日本的教育 [M].徐锡龄，黄明皖，译.北京：人民教育出版社，1981：150.
② 吕达，周满生.当代外国教育改革著名文献：日本、澳大利亚卷 [M].北京：人民教育出版社，2004：62.

促进"对国家及文化的理解和尊重""作为日本人的自我认同"以及"对自己家乡和国家的热爱和自豪感"等；同时也强调"人力资源开发能造就智能世纪""国际贡献"等，但是目的很明确，就是"在宏大竞争体中生存"。[①]

纵观日本战后国际理解教育发展历史，日本在国际化、全球化不断深入的国际环境下，为了维持相互依存的国际关系，积极开展国际理解教育，加强国际教育、文化的交流与合作，修订各级教学大纲，培养"有益于国际社会的日本人"或"世界中的日本人"。但是，其根本目的是增强日本在国际社会中的竞争能力，促进国家的繁荣和发展。在发展的第三、第四阶段，日本还表现出强烈的"国家主义"倾向。

（二）美国的国际理解教育

"二战"后，美国国际理解教育获得了长足发展，积极倡导国际理解和多元文化意识，并大力开展国际合作与交流，加强外语教育和国际区域研究等。这些都展现出美国积极创建"和平文化"、维护"世界和平"的愿望和态度。早在1946年，旨在促进国际教育和文化交流与合作的《富布赖特法案》就规定，将欧洲国家对美国的债务作为美国和外国学者与学生进行相互交流的基金，以增进美国对欧洲社会的了解和加强欧美关系，促进国际和平。正如富布赖特所言："过去和现在我都认为，如果更多的人对别国人民有所了解和理解，他们就有可能培养起同情、厌恶战争和爱好和平的能力。"随后，在美国联邦教育部支持下设立的有名的"富布赖特计划"，通过多项国际交流计划加强美国同其他国家青年学者、专家的学术交流，增强美国同世界各国之间的相互理解。这些都为国际理解教育做出了贡献。另外，在学校教育实践中，国际理解教育得到了积极的倡导。明尼苏达州立大学1974年的"国际教育政策"就指出："在相互依存的世界中，国家

[①] AKUZAWA M. Critical review on education for international understanding in Japan: from the perspective of civil society [J]. Journal of Education for International Understanding, 2005(1): 67—84.

的安宁和公民幸福与全人类的安宁息息相关。因此，大学的教学、研究和服务需要支持州、联邦及其他国家的经济和社会发展，保护全球环境，引导人们更好地理解自己和他人，致力于国际理解、世界和平和社区的自我意识。"①2000 年，克林顿总统在关于"国际教育政策"的一份备忘录中也指出："为了继续在全球经济体中成功竞争，为了维护我们作为世界领袖的地位，必须确保美国公民具备世界理解意识、熟练的外语技能和其他民族文化知识；美国的领导也依赖于与国外那些有望领导他们国家政治、经济和文化发展的人士建立密切联系。"②

"9·11"事件激起了美国政府对整个世界的重新关注，并将之归咎于美国对其周围世界的熟视无睹，不理解别人在说什么。于是，美国教育理事会与全国 30 多所著名大学联名发表了《超越"9·11"：国际教育的综合国家政策》（Beyond September 11: A Comprehensive National Policy on International Education）报告，为联邦政府制定面向 21 世纪的国际理解教育政策提供了建议。报告中提出的国际教育战略之一是："培养具有国际能力的公民和劳动力，使他们具有跨文化意识、熟练的外语技能和理解世界、欣赏文化多样性的素养；加强外语教育以及区域和国际研究，联邦政府大力支持美国大学的外语教育、区域与国际研究以及国际商业教育项目；并进一步增加具有外语能力的专家和世界区域知识的深度；要求所有 K—16 年级的学生必须学习一门以上外语，通过课程学习体验国际环境。"③

进入 21 世纪以来，美国国际教育政策的一个重要动向是"全球教育"日益成为美国国际教育的基本价值取向和发展趋势。美国国际教育者协会于 2003 年 11 月发表题为《确保美国的未来：全球时代的全球教育》（Securing America's Future: Global Education for a Global Age）的报告，认为美国现在正处于继 1957 年苏联人造卫星上天后的又一次"人造卫星运动"

---

① University of Minnesota. Board of regents policy: international education, research, and outreach [Z], 1974.
② CLINTON W J. Memorandum on international education policy [R]. Washington D C, 2000.
③ American Council on Education, Center for Institutional and International Initiatives. Beyond September 11: a comprehensive national policy on international education [Z]. Washington D C, 2002: 10.

的境地。该报告要求每一个学生必须具备理解至少一个国外区域和一门外语的知识和能力;出国学习是每一个美国学生的普遍权利,而不是个别群体的特殊权利;要突破语言障碍,理解他国,理解自己。①2005年12月美国国际教育者协会在关于"美国人需要对国际教育的领导"的调查报告中提出:美国人深感全球视野知识准备的迫切性,强烈支持发展世界知识和文化敏感性的教育机会。报告还指出,"具有国际经验和全球视野的学生对于提高美国领导力、国家安全和国际竞争力是极其重要的;国际教育不仅能促进不同民族文化之间的理解和尊重,更能够增强美国在全球社会的建设性领导"②。

总的来说,美国的国际理解教育在倡导国际理解和世界和平的同时,始终把维护国家利益放在首要地位。世界政治、经济格局的急剧变化和国际危机的频繁出现,越来越强烈地表明美国的命运与其他国家的发展是紧密联系的。只有与世界其他国家沟通、对话,不断理解别国的历史与文化,才能使美国得到别国的信任与支持,在世界一体化的浪潮中共同发展。

美国开展国际理解教育还基于国家经济发展的需要。在高度竞争的国际市场上,具有国际视野与国际知识是经济发展的基本保证。21世纪的劳动者既要掌握高科技知识,又要具有熟练的国际沟通与理解能力。因此,开展国际理解教育,让学生了解世界其他国家,是美国教育领域为未来培养合格劳动力的必不可少的一项内容。

另外,这一举措还出于国家安全考虑。1957年苏联人造卫星上天给美国教育界造成强烈震撼,美国人感到国家安全受到严重威胁,1958年出台的《国防教育法》将外语教育列为国家战略优先计划。"9·11事件"的发生也给美国教育敲响了警钟。美国人认为,价值观的不同和对不同宗教信仰的误解是"9·11事件"的根源,反恐策略必须从军事打击上升到文化与意

---

① Association of International Educators. Securing America's future: global education for a global age [R]. Association of International Educators, 2003: 4.
② NAFSA. Association of international educators: a national survey on preparation for a global society [EB/OL]. (2005−12−07)[2007−06−02]. www.nafsa.org.

识的沟通与同化。因此，加强跨文化的国际理解教育和外国语言的学习是保证美国国土安全的举措。出于对国家安全的考虑，美国应该从中小学就开始进行国际教育。国际教育是双边的，既要理解别国，又要通过与别国的对话、教育文化交流消除别国对美国的误解。除国家安全问题以外，环境问题等也是不分国界的，这些问题的解决需要国际理解教育的支撑和国际科研人员的共同合作。

（三）英国的国际理解教育

从实践上讲，英国早在1939年就成立了"世界公民教育委员会"，积极开展"世界研究"和相关的课程改革。但是，在很长一段时间内，英国政府在倡导"国际理解教育"方面表现得比较保守。1974年联合国教科文组织发表关于国际理解教育的建议书后，英国政府对"国际理解教育"仍然持一种冷淡态度。直到20世纪80年代以后，英国政府才逐渐认识到全球化给英国带来了前所未有的挑战，国际理解教育逐渐被纳入英国国家教育发展战略。1989年，北爱尔兰政府正式把"相互理解教育"引入教育改革法令中，并进行了相应的课程改革，提出中小学开展"相互理解教育"的目标是：学会尊重并欣赏自己和他人，学会赏识社会中人们之间的相互依存，学会认识和理解不同文化传统，学会以和平方式解决矛盾和冲突等。[1] 进入21世纪，英国教育与技能部出台的《英国融入世界教育：一个教育、技能和儿童服务的国际战略》报告，充分体现了英国国际理解教育的导向。报告认为，英国生活在一个相互影响、相互依存的世界，世界面临着重大挑战，英国在这个世界中占有独特地位，应该是一个充满信心、放眼世界的社会和一个在世界上充分发挥才能的领导型经济体。为此，教育与技能部提出了三大核心目标和具体优先行动计划。[2]

第一，培养公民在全球经济体中生存的能力。（1）在所有孩子和青年人

---

[1] SMITH A, ROBINSON A. Education for mutual understanding: the initial statutory years [R]. Coleraine: The University of Ulster, 1996: 5.

[2] Department for Education and Skills. Skills in the global economy [Z]. London: HM Treasury, 2004: 20—22.

的学习工作中灌输全球意识；(2)提高他们使用其他语言的能力；(3)提高国际资格认证透明度；(4)培养雇主和雇员具有全球经济体所需的各项工作技能。

第二，加强国际合作，实现"双赢"目标。(1)根据国际标准评估自己的学习和工作表现，积极汲取国际上的先进经验；(2)充分发挥才能，在世界范围内建立广泛的战略伙伴关系；(3)积极与欧洲伙伴合作实现"里斯本目标"；(4)通过知识和资源共享，支持世界范围特别是非洲教育与儿童服务项目的发展。

第三，促进教育与培训部门以及高等学校科研对海外贸易和国内投资的贡献最大化。(1)进一步扩大继续教育、高等教育的国际学生数量；(2)使英国在信息和通信技术教育资源方面居世界领先地位；(3)促使英国大学成为国际学习和研究中心；(4)鼓励教育和培训提供者参与国际商贸合作。

由此可以看出，英国积极开展国际理解教育，主要也是基于提高英国国际生存能力和国际竞争力的需要。

（四）韩国的国际理解教育

"二战"后，韩国积极倡导国际理解教育，参与联合国教科文组织的"联系学校计划"，并于2000年成立了"亚太国际理解教育中心"，标志着韩国国际理解教育进入了新的历史时期。

韩国中小学设有专门的国际理解教育课程，如"国际理解教育导论""学会共处""可持续发展教育""和平文化"等。在实践上，韩国不断加强对国际社会的区域研究，加大对大学中的区域研究中心的支援力度，开展韩国传统教育和国际素养教育，培养对外国风俗、礼仪及传统文化的理解及互相尊重的态度，使学生成为能够主动适应国际社会环境，并且有韩国传统性及国际普适性的合格人才。韩国中小学还特别注重外语教育和国际理解教育的教师培训工作。2002年7月韩国教育与人力资源部发布了一项关于国际理解教育的报告，决定自2003年起指定10所"国际理解教育示范学校"进行试点，同时要求各市、道教育厅积极开发国际理解教育课程，并制定具体实施方案。

韩国国际理解教育的一个根本目标就是，通过国际理解教育培养具有国际竞争力的韩国公民。1994年9月，韩国教育改革委员会向总统提交的《创造新韩国的教育改革的方向与课题》报告指出：优秀的人力资源是国家竞争力的源泉，为确保韩国在世界上的技术主权国和文化输出国的地位，韩国必须实施能够创造出新科学、新技术、新文化、新艺术的高质量的教育，必须加强教育体制的国际化，强化具有国际感、能够理解国际的教育，造就适应社会经济、科技发展需要的优秀的国际化人才。[①]1995年5月31日，韩国又出台了新的教育改革方案，即《为建立主导世界化、信息化时代的新教育体制》，把培养具备"世界公民"的素质和领导能力的人才作为基本目标。

这些新举措和改革方案旨在通过国际理解教育培养国际化人才，进一步提高韩国在国际社会的竞争力。实质上，韩国发展国际理解教育优先考虑的是国家教育和社会的发展，通过与别国竞争维护本国利益。

各国国际理解教育观，都在不同程度上表达了"维护国家利益的前提下增进国际理解"的基本思想。一般而言，以国家利益为最终目的是国民教育的本质特征，而国际理解教育的本质特征与最终目的应该是增进国际理解、促进国际和平。联合国教科文组织倡导"对所有民族及其文化、文明、价值及生活方式（国内各民族文化及他国文化）的理解与尊重""创建和平文化""培养国际意识""和平、人权和民主"等教育目标。"亚太地区国际理解教育中心"倡导"社会公正、人权、文化尊重与团结、相互依存、可持续发展、解决冲突、包容、性别平等、民主和消除贫困"等国际理解教育思想。这些都充分体现了超越国家层面的国际理解教育目标。但是，由于国际现实是民族国家及其利益的反映，因此，国际理解教育的首要目的是维护国家利益。只不过国际教育与国民教育要维护的国家利益的具体含义或者说所包括的方面有所不同。可以说，维护国家"对外方面"的利益，即"国际利益"，是国际理解教育区别于国民教育的基本特点。从具

---

① 刘昌明. 韩国面向21世纪培养国际化人才的战略和策略 [J]. 当代韩国，1999 (1)：11.

体国家的国际理解教育观看，各国都在不同程度上强调"国家利益"，日本在 20 世纪 70 年代后更是强调"国家主义""民族主义"，美国始终把"国家安全"作为开展国际理解教育的根本出发点和归宿。因此，尽管国际理解教育的使命是增进国际理解，国际理解教育的未来是培养全球公民，但是，现代社会和当代社会仍然是一个以国家为实体的社会，国际理解教育还是在国家举办的教育机构中实施，首先必须满足国家的利益与需要。正是从这个角度出发，各国的国际理解教育政策和实践首先考虑的是国家利益。但是，过分强调"国家利益"或极端"民族中心主义"，而忽视"国际主义""国际理解"等国际理解教育之基本精神，必然背驰于国际理解教育的初衷。恰当地平衡"国际理解"与"国家利益"之间的关系，是一个国家开展国际理解教育的关键。既要强调国际理解与和平文化，又要重视国际理解教育中的国家利益，把二者有机结合起来，这是当下国际理解教育必须正视的问题，也是开展国际教育援助必须正视的问题。

三、和平文化教育

20 世纪 60 年代是国际和平教育蓬勃发展的时期，国际和平研究会（The International Peace Research Association，简称 IPRA）成立于 1965 年，前身是和平教育委员会（Peace Education Commission，简称 PEC），其目的是开展对和平的条件、环境，战争以及其他暴力形式的根源的跨学科研究。和平教育的主题包括和平与发展、战争预防、消除仇恨、战后改革、战争灾难和可持续发展等。

（一）作为国际理解教育基本内容的和平文化

"和平文化"概念被正式提出是在 1989 年 7 月于科特迪瓦举行的和平国际会议上。大会认为"和平文化"是要发展一种以各种文化所共同认可的价值观为基础的文化，通过倡导普遍的价值来发展和平文化，构建一种新的和平观。普遍的价值包括尊重生命、自由、正义、团结、宽容、人权和男女平等。同年,联合国教科文组织召开了以"人类心灵中的和平"为主题的国际学术研讨会。会议对和平文化这一概念做了系统阐述,"和平文化"被定义为人与人之间的平等、和谐、宽恕、正义、自由以及对于人权的尊重。第53届联合国大会通过的《和平文化宣言和行动纲领》指出:和平文化是世界各种族、各宗教、各文化、各民族、各国度、各地域、各群体以及个人妥善友好地处理相互之间以及与自然之间等各种关系的准则和方式,以及由对自由和平的向往和追求等强烈愿望凝结而成的价值观念、传统文化、生活方式、行为规范、风俗习惯、信仰追求、显著特征、社会形态和实物形态上体现的对于和平向往和追求的精神寄托等文化形态的总和。可见,和平文化的内涵广泛,涵盖了建立在和平基石上的伦理道德规范、审美价值、民风民俗、人际交往、行为习惯和生活理念等。简而言之,凡致力于人与自然、人与社会、人与人、人与自我的和谐关系,致力于和平与发展的精神和文化形态,即为和平文化。作为一种精神文化意识的和平文化,是人类向往和平的精神引导,是人类和谐相处的基本准则,是人类和谐社会构建的必要方式。和平文化理念的形成不仅能够传承社会美德、陶冶个人情操、树立浩然正气、培养仁爱之心,还能够推动世界和谐安宁、自然环境和谐美好,推动社会、民族和谐发展,从而引导、激励人们为和平事业去努力奋斗。

(二)和平文化教育的实施

第一,构建人人平等的教育环境。为了帮助学生建立人人平等的世界观,学校教育的各个环节都要体现人人平等的原则,教师之间、师生之间、学生之间、学生与家长之间以及教师与家长之间的互动交流都必须在这个前提下进行,不歧视任何人也不偏袒任何人。特别是教师,作为教学活动的主要组织者和执行者,一言一行都要贯彻这个原则,例如在课堂教学中,无论学生背景如何,都应同等对待,以唤起学生的平等意识。要鼓励学生客观对待不公平事件,帮他们找出解决不平等问题的切实可行的方法。关注可能受到不平等待遇的学生,从学生那里获得反馈信息,注意任何可能由于不公平而产生的情绪。要特别关注那些可能受到歧视、内心敏感的学生,如家庭经济条件困难的学生、发育迟缓的学生、成绩差的学生以及其他容易受到不公正对待的学生。

第二,通过课外活动开展和平教育。开展以和平为主题的课外活动是开展和平教育的重要方式。可以在班级、学校、校际举办基于和平导向的团体活动。这些活动可以定期举行,学生、教职工、家长和相关社会人士都可以加入活动。在这些活动中,学生在老师的指导下,可以选择多种关于冲突与和平的话题,例如家庭关系、性别平等、多元文化共存以及政府治理等,或通过音乐、舞蹈、诗歌等艺术手段进行表演。这些活动的目的是让学生乃至成年人理解人人平等的世界观对人类生活各个方面的影响。学生在这种创造性的活动中得到熏陶,从而建立起人人平等的世界观和与人和平相处的理念。

第三,将和平理念融入整个教学活动。和平教育的重点是让学生形成和平的理念。和平教育除了通过专门的课程向学生直接传达和平的理念外,也可以融入其他课程开展系统性的和平教育,通过这种系统化的教育活动使和平理念深入人心。例如在生物课程的学习中,不仅要介绍优胜劣汰、适者生存的法则,也要介绍同种动植物彼此依赖,族群内部成员互相帮助以在大自然中获得更多的生存机会。又如历史课中,在介绍中国古代的中原地区和边疆少数民族的历史时,要介绍两者之间的经贸往来对彼此社会经济发展的贡献,以及彼此历史文化的融合对促进中华文明发展的贡献。

四、可持续发展教育

(一)可持续发展教育的提出

自 20 世纪下半叶起,全球范围内气候异常、资源短缺、生物多样性受损、文化冲突、社会分裂与贫困等问题严峻,究其原因,长期以来人类以牺牲资源和环境为代价推动经济、社会快速发展,带来了不可逆转的社会问题。对此,1987年《我们共同的未来》报告中提出"可持续发展"理念,将"在不损害后人满足其必需的能力的前提下,保证当代人的发展"作为全球发展的原则[①]。1992年,在巴西里约热内卢召开的联合国环境与发展大会批准成立可持续发展委员会,通过了《21世纪议程》,第一次使用了"环境与发展教育"这个概念。《21世纪议程》可以说是世界范围内的可持续发展行动计划,是21世纪全球范围内各国政府、联合国组织、发展机构、非政府组织和独立团体在人类活动对环境产生影响的各个方面的综合的行动蓝图。1996年,为了落实环境与发展大会精神,推动全球可持续发展进程,联合国教科文组织设立了"环境、人口与可持续发展"教育项目。2002年12月,联合国大会决定开展"教育促进可持续发展十年"活动,决定从2005年到2014年在全球范围内开展可持续发展教育。此后,世界各国纷纷从经济、社会、政治、环境、教育等维度制定发展战略,通过教育、立法、培训、改革运动等途径整体推进可持续发展战略的落实,可持续发展教育活动在全球范围普遍展开。

(二)可持续发展教育的定义与目标

可持续发展教育旨在通过平衡与综合的方法来协调当代人与后代人的利益冲突,满足人们对可持续发展的经济、社会和环境各方面的需要。这不仅需要正确的生态观,也需要先进的伦理观和价值观,兼顾专业知识与价值理念。这关乎对人与外部世界的宏观看法和价值沟通。正因为这样,联合国教科文组织将可持续发展教育定义为:鼓励改变知识、技能、价值观和态度,为所有人建立更加可持续、公正优质的教育。

可持续发展教育融合生态学、经济学、社会学、政治学和其他学科,

[①] UN Secretary-General. Our common future: report of the World Commission of Environment and Development [R]. New York: UN, 1987: 24.

通过教学，培养热爱生命、社会公正和具有环境保护意识的未来公民，关键学习成果包括相关消费意识、社区参与、服务和批判性思维。可持续发展教育使作为未来公民的个人能够意识到他们现在和未来的福利取决于他们自己和他人的行动。

（三）作为国际理解教育基本内容的可持续发展教育

学校教育应将可持续发展的思想纳入教学系统，培养富有远见、敢于担当、对国家和人类怀有责任意识的一代新人。

第一，唤醒可持续发展的自觉意识和责任意识。学习者要坚定其负责任的行为，从而以高度自觉的努力来促进环境的完整、经济的增长和社会的公正，努力造福当代与子孙后代。而且，这种自觉意识和责任意识越是得到普及与弘扬，对整个人类的可持续发展越会产生深远的积极影响。因此，学校要深入开展可持续发展教育，培养学生的责任意识和行动意识。

第二，注重环境保护。这涉及人类行为可能直接或间接损害环境的任何情况，包括对煤炭、石油和天然气等自然资源的利用。为了使这些资源能够供后代使用，目前的使用需要以负责任的方式进行。此外，最好以对自然环境干扰最小的方式获取资源。这涉及环境保护的另一个方面，即要减缓环境退化。环境退化是指人类活动对自然环境造成的破坏，无论这种活动是直接的还是间接的。废物和污染物的产生是环境退化的一个非常常见的原因，另外还有采矿和砍伐森林。

第三，关心社会发展。它规定以社会公正的方式进行发展，这就需要特别注意伦理和道德。涉及社会发展的另一个问题是人口数量的增加。目前，在世界上的一些地区，仍然没有足够的基本生活必需品（食物、水和住所）来满足已经生活在那里的人们的需要。教育及生活质量的高低一定程度上反映了社会发展的程度。

第四，重视经济发展。

第五，可持续发展教育是全方位的变革式教育，不仅要在课程中融入气候变化、减贫和可持续消费等问题，还要创造互动式的、以学习者为中心的教学情境与氛围。可持续发展教育要求课堂中心从教师之"教"转向学生之"学",从而实现教育思想史上的一场深层次变革。可持续发展教育的学习方法以学习者的经验为基础,在可持续发展教育的发展和实施过程中,传统的教育观点和方法正在发生转变。

五、人权教育

(一)人权的含义

人权是所有不影响人民整体安全的、符合国家法律规定的人与生俱有的权利,不受人的种族、性别、国籍、年龄、族裔、语言、宗教信仰、身份地位、文化、肤色等等限制。

1948年12月10日联合国大会通过的《世界人权宣言》指出,维护和保障人权应该成为宪法、国际法及国际社会评判的重要规范性价值标准。《世界人权宣言》提出:人人生而自由,在尊严和权利上一律平等;人人都有资格享受本宣言所载的一切权利和自由,不论其种族、肤色、性别、语言、财产、宗教、政治或其他见解、国籍或其他出身、身份。这些权利和自由可分为公民权利和政治权利,经济、社会及文化权利两大类。其中,公民权利和政治权利包括生命权、人身权、不受奴役和酷刑权、人格权、法律面前人人平等权、无罪推定权、财产权、婚姻家庭权、思想良心和宗教自由权、参政权和选举权等等,经济、社会及文化权利包括工作权、同工同酬权、休息和定期带薪休假权、组织和参加工会权、受教育权、社会保障和享受适当生活水准权、参加文化生活权等等。同时,《世界人权宣言》规定,权利和义务不可分离,个人在享受权利时,应依法尊重他人的权利,并服从道德、公共秩序和普遍福利的需要。虽然存在着对《世界人权宣言》的代表性和时代局限性的质疑,但其作为人类的第一个人权共同宣言,被广泛认为是国际人权事业的总章程,《经济、社会及文化权利国际公约》和

《公民权利和政治权利国际公约》是它的两个重要补充和细化。更为重要的是，这两个公约将《世界人权宣言》法律化，并构成了《国际人权宪章》，标志着全人类的人权事业进入有法可依的阶段。

1966年12月16日《公民权利和政治权利国际公约》由第二十一届联合国大会通过，并明确规定了公民个人所应享有的权利和基本自由：生命、自由和人身安全的权利，不得使为奴隶和免于奴役的自由，免受酷刑的自由，法律人格权，司法救济权，不受任意逮捕、拘役或放逐的自由，公正和公开审讯权，无罪推定权，私生活、家庭、住所和通信不受任意干涉的自由，迁徙自由，享有国籍的权利，婚姻家庭权，思想、良心和宗教的自由，享有主张和发表意见的自由，结社和集会的自由，参政权。

1993年的《维也纳宣言和行动纲领》肯定了人权的特殊性，指出实施人权原则必须考虑国家的特性和地域特征以及不同的历史、文化和宗教背景。但是，国际社会普遍认同人权仍应有最低限度标准，如"贫穷不能作为国家恐怖和酷刑的借口"。

（二）人权教育的内容

生命权：生命权是最基本、最重要的人权，如果无法充分保障人的生命权，那么一切其他权利都是空中楼阁。无端剥夺人的生命，或者肆意对人施加恐吓、虐待和折磨，就是非人权的待人方式。任由这种情况发生，个人权利就无从谈起。所以一般各国的刑法都对侵害他人生命权的罪行予以最重量刑。

尊严权：尊严也是生命权和自由权的合理延伸。如果一个人无尊严，那么他的生命至多是一种无人格的形式。作为一种基本的人权，尊严的价值早在古代就得到普遍的认同。尊严权主要要求人们在社会交往中互敬互爱，文明礼貌。如果一个人的尊严权被否认，就意味着人们可以肆无忌惮地羞辱、威胁、骚扰、中伤他，那显然他就失去了"作为人类"的资格，这无疑是严重侵害人权的。

公正权：每一个人都应受到公平合理的对待，但现实生活中，经济权力、政治权力、种族、国籍等会不同程度地将人划到不同的等级，那么人权就变成有限的、有条件的，甚至成为特权阶级的奢侈品了。而公正权是为了将人权平等地扩展到每一个人身上，不仅是人权的一部分，更重要的是它也是人权中其他部分的必要条件。

获助权：获助权是尊严权和公正权的延伸，包括生产资料的获取、信息和知识的获取、机会和权益的获取等。狭义的获助权常常和"人道主义"联系在一起。在现代社会中，突发性的灾难有时会造成很大的危害，这种时候个体的获助权就需要一个强大的组织，一般是政府的倾力帮助，这是政府一项重要的公共服务职能。

财产权：财产权是生命权、自由权和获助权的延伸。一个人要生存下去，想选择他喜欢的方式生存下去，一定要有物质作为支持，那么，对自我劳动的所得进行排他性的占有，就是生命权与自由权必不可少的保障。财产权看似是一种物权，但其实质为人支配物——自己正当所得的权利。

发展权："发展权"在1970年联合国人权委员会委员卡巴·穆巴耶（Kéba M'Baye）的题为《作为一项人权的发展权》的演讲中被提出，立即受到了广大发展中国家的强烈支持。1979年，第三十四届联合国大会在第34/46号决议中确认，发展权是一项人权，平等发展的机会是各个国家的天赋权利，也是个人的天赋权利。1986年，联合国大会第41/128号决议通过了《发展权利宣言》，对发展权的主体、内涵、地位、保护方式和实现途径等基本内容做了全面的阐释。1993年的《维也纳宣言和行动纲领》再次重申发展权是一项不可剥夺的人权，使发展权的概念更加全面、系统。发展权在坚持个人良好发展的同时，也强调了"集体人权"这一新生概念，也就是要求各国、各民族平等、自由、友好地交流合作，均等地享受发展机会。

民族自决权：民族自决权源于资产阶级革命时期的天赋人权说和人民主权说。"二战"后，民族自决权在《联合国宪章》《关于人民与民族的自决权的决议》《给予殖民地国家和人民独立宣言》《国家法原则宣言》《关于自然资源永久主权的宣言》《公民权利和政治权利国际公约》《经济、社会及文化权利国际公约》等一系列国际文件中多次得到确认和重申,并作为一项重要的集体人权获得了广泛的认可和接受。目前,民族自决权更加强调的是民族国家自主选择自己的发展道路和生活模式,而不受外部干涉的一项集体人权。

  自中华人民共和国成立以来,在中国共产党的领导下,中国政府将人权的普遍性原则与中国的具体国情相结合,为促进和保障人权做出了不懈的努力,中国人民的命运发生了翻天覆地的变化,中国人权事业实现了历史性发展。特别是改革开放以来,中国把尊重和保障人权作为治国理政的重要原则,庄严载入《中华人民共和国宪法》,采取切实有效的措施促进人权事业发展,使中国人民的物质文化生活水平得到大幅提高,政治、经济、文化、社会权利得到切实保障,谱写了中国人权事业发展的新篇章。

  中国政府坚持以人为本,落实"国家尊重和保障人权"的宪法原则,既尊重人权普遍性原则,又从基本国情出发,切实把保障人民的生存权、发展权放在保障人权的首要位置,在推动经济社会又好又快发展的基础上,依法保证全体社会成员平等参与、平等发展的权利。中国政府在治国理政中坚持发展为了人民,发展依靠人民,发展成果由人民共享,着力解决好人民最关心、最直接、最现实的利益问题,促进社会公平正义,努力使全体人民学有所教、劳有所得、病有所医、老有所养、住有所居;坚持以保证人民当家作主为根本,从各个层次、各个领域扩大公民有序政治参与,健全民主制度,丰富民主形式,拓宽民主渠道,依法实行民主选举、民主决策、民主管理、民主监督,着力保障人民的知情权、参与权、表达权、监督权。与此同时,中国政府主张加强国际人权交流、对话与合作,同世界各国一道,共同致力于推动世界人权事业健康发展,为建设持久和平、共同繁荣的和谐世界做出应有的贡献。

  中国秉持和平、发展、公平、正义、民主、自由的全人类共同价值,为推动全球人权事业发展贡献"四种力量",为实现《世界人权宣言》和《维也纳宣言和行动纲领》确立的人权目标不断注入新动力。

六、全球治理准则性文件的教育

在全球化日益向纵深发展、国家间相互依存度越来越高的背景下，越来越多的全球性问题明显超越了国家传统管辖的范围，各领域需要全球治理已经成为国际社会的普遍共识。全球治理的核心是国际规则所提供的原则与规范，而国际规则的政策平台则是由各国政府主导其政策过程的国际组织，尤其是以联合国为代表的诸多政府间国际组织。20世纪以来，国际政府组织和非政府机构为了促进人类和平，推动全球健康发展，制定了许多章程、规则、倡议和议程，在全球治理中发挥了积极作用。让世界青少年认识、了解国际组织的规则、章程、倡议实属必要。

（一）国际政府组织制定的基础性、整体性和宏观的章程、规则、倡议、议程

20世纪初，随着国际交往的日益频繁，调整国家间关系的要求日益迫切，真正意义上的国际政府组织开始出现。据统计，1909年全世界共有37个国际政府组织。1919年全球性的国际政府组织——国际联盟成立。1945年，最大的国际政府组织联合国成立，其下属的各种专门性机构也随之大量涌现。

国际政府组织签署的章程、协议、宣言、声明和倡议具有比较高的权威性和法律效力，在国际社会产生了良好作用和影响，应该组织广大青少年学习，熟知上述规则和内容，如《联合国宪章》（1945）、《世界人权宣言》（1948）、《21世纪议程》（1992）、《联合国海洋法公约》（1982）、《保护非物质文化遗产公约》（2003）、《消除一切形式种族歧视国际公约》（1965）、《不扩散核武器条约》（1968）、《保护世界文化和自然遗产公约》（1972）、《全球发展倡议》（2021）、《巴黎协定》（2015）等。

（二）国际政府组织制定的教育类倡议、规则、宣言和条约

国际教育规则是当今世界各国开展教育交流与文化沟通的重要基础，不仅为世界各国开展多边和双边教育合作提供了制度框架，同时也为各国推进本国教育改革、参与世界人才竞争提供了值得借鉴的国际参照体系。从广义上看，国际教育规则是指在国际社会中取得广泛共识并得到确认的有关教育发展重大问题的通行观念、行为准则和评判标准。从狭义上看，国际教育规则主要是指在与教育领域相关的政府间国际组织的框架内，经过法定程序得以通过并得到各会员国签署，反映各会员国就教育问题所达成的共识和承诺，并体现在国际法律文件和其他共识性文件中的教育理念、行为准则和评判标准。[①]

比较著名的教育类"建议""宣言"和"公约"包括《儿童权利公约》（1989）、《反对教育歧视公约》（1960）、《残疾人权利公约》（2006）、《我们共同的未来》（1987）、《联合国气候变化框架公约》（1992）、《和平文化宣言和行动纲领》（1999）、《巴黎开放教育资源宣言》（2012）等等。

七、国际团结教育

国际理解教育是一项具有时代使命感的世界共同事业，需要不同国家、文化、区域、民族之间的理解和团结，最终达到全人类共同繁荣；需要共同尊重和保护人类赖以生存的自然世界，解决人类面临的共同世界问题，达到人与自然的和谐发展。

1974年联合国教科文组织发布的《关于促进国际了解、合作与和平的教育以及关于人权与基本自由的教育的建议书》提出：成员国应该将国际团结作为发展国际教育的一项责任，各国应该组织、支持有关当局和非政府团体组织关于国际理解教育的国际会议和研讨会，增强它们吸纳外国学

[①] 杜越，谢喆平，董建红，等. 他山之玉：国际教育规则探析[M]. 北京：教育科学出版社，2016：2.

生、研究工作者、教师等的教育项目,促进学生、教师和专家的国际互访和交流;各成员国应该鼓励各国联合学校之间的合作,通过扩大经验交流促进相互了解;各成员国应该鼓励更广泛的教科书,特别是历史、地理学科教科书的交流;应该采取措施通过双边和多边协议促进相互学习和教育资源的共享,增进不同民族间的相互了解和团结。

在国际理解教育发展的过程中,为了交流思想和经验,联合国和部分国家创建了各种不同的国际教育组织和合作项目,如联合国及联合国教科文组织、国际教育局、亚太国际理解教育中心、国际学校联合会、欧洲国际学校协会、富布赖特计划等。这些合作组织和项目,为各国国际理解教育发展提供了思想和经验交流的平台。

(一)联合国教科文组织的国际团结教育

联合国教科文组织是国际理解教育的主要领导和协调机构,由各国政府派出的代表团组成,是规模庞大的正规的开展国际理解教育的牵头组织。联合国教科文组织《组织法》规定其宗旨和职能是:"通过教育、科学及文化促进各国间的合作,对和平与安全做出贡献,以增进对正义、法治及联合国宪章所确认的世界人民不分种族、性别、语言或宗教均享有人权与基本自由之普遍尊重。"[①]这意味着联合国教科文组织要在世界范围内开展国际理解教育,以促进人类和平和相互理解。联合国教科文组织往往通过教育部长级会议、国际教育局会议、专家会议、定期区域性会议或世界性会议,以及其他交流渠道,积极促进国家之间教育经验和思想的交流与合作。为了促进世界各国、各民族人民的团结与相互理解,联合国教科文组织于1953年组织实施了以"国际理解教育"为主题,以消除跨越政治疆界的偏见、敌视、不信任和以促进相互友好与合作为逻辑目标和结果的"联系学校计划",并在全世界推广。1974年11月,联合国教科文组织通过了《关

---

① AGGARWAL J C, AGRAWAL S P. Role of UNESCO in education [M]. Noida: Vikas Publishing House, 1982: 3—4.

于促进国际了解、合作与和平的教育以及关于人权与基本自由的教育的建议书》。该建议书既是联合国教科文组织一贯倡导的和平与团结教育、国际理解教育精神的体现,又是在新的政治、经济和科技相互依赖的条件下各国政府对国际理解教育的深化和发展。1994年,第44届联合国教科文组织国际教育大会的主题是"国际理解教育的总结与展望",中心内容是"为和平、人权、和民主的教育""为相互理解和宽容而教育",并专门对与国际理解密切相关的"和平文化"进行了广泛的讨论。总之,联合国教科文组织为国际理解教育提供了交流与合作的场所,每一次提出的关于国际理解教育的建议,都是各国政府代表在大会上经过思想和经验交流、讨论达成的最终建设性结果,极大地丰富了国际理解教育的内涵,促进了国际理解教育在世界范围内的良性发展和广泛传播。它播下了国际团结教育的种子,提供了国际理解教育的沃土,促进了国际理解教育的茁壮成长。

其中,设在瑞士日内瓦的国际教育局发挥了重要的作用。国际教育局成立于1925年,目的是搜集教育文献,参与教育研究,并在鼓励教育工作者之间接触方面发挥协调作用,促进国际合作。1969年开始,国际教育局成为联合国教科文组织的重要组成部分,并承担组织召开国际教育大会的任务。在联合国教科文组织的出色领导下,国际教育局作为一个国际教育文件中心获得了进一步发展。1977年,国际教育局成立了"国际教育情报网",以促进全球教育情报的搜集、整理和交流。联合国教科文组织和国际教育局的一个主要目的就是,通过教育增进各国间的团结、合作以促进和平与安全。其中,国际教育局在其发展过程中为各国的国际教育交流与合作做出了重要贡献。

联合国大学既是国际理解教育的教学组织,又是国际理解教育的科研组织。1969年,联合国秘书长吴丹(U Thant)首次提出建立联合国大学的建议,主张设立一所确实具有国际性质,并致力于联合国宪章中和平与进步目标的大学,以促进政治和文化方面的国际团结为其主要职能。1975年,联合国大学正式成立,校址设在日本东京。其主要职能是:查明科学和学术的国际协作能够解决的重大问题;组织并支持研究和高级培训,以便增进世界范围的了解，填补知识的主要空白和改进有关这些问题的专门知识；加强个人和机构解决这些问题的能力，尤其是发展中国家；向国际组织、政府、学者、决策者和公众传播已经获得的知识。[①] 显然，联合国大学的主要目的是通过国际学术和科学工作的协调与合作，帮助解决紧迫的全球性人类生存、发展和福利问题。

（二）亚太国际理解教育中心的国际团结教育

亚太国际理解教育中心成立于2000年，其前身是韩国国家委员会的一个下属机构，隶属于联合国教科文组织。根据联合国教科文组织的基本原则和宣言指导，该中心致力于促进国际理解和团结教育，创建囊括个人、社会、国家和国际体系的和平文化，以及人与自然的可持续性关系。

该中心的基本使命是：促进区域和国际范围的国际理解教育发展，加强民主参与，保护人权，维护社会公正和可持续性生态环境，促进人们之间跨文化尊重以及非暴力方式解决冲突的能力；与愿意为共同目标而奋斗的教育工作者和机构合作，以便在学校和社会推广国际理解教育，并使其制度化；作为优质中心，为亚太地区国际理解教育的教学、培训、研究和课程开发服务；通过联系网络和伙伴关系，与其他区域和国家的教育工作者、政策决策者、机构和社团共享那些促进和实施国际理解教育的思想和经验。[②]

基于上述使命，该中心主要通过以下途径开展国际教育合作。

第一，加强区域国际理解教育教师培训。该中心于2001年成立了亚太教师培训工作组，负责培训亚太地区国际理解教育教师、教师教育者、教育规划者和行政人员，工作组每年举行一次区域性培训项目。

第二，开发并提供国际理解教育资源。为亚太地区教育工作者开发教师所用的教材资源，对国际理解教育现状进行研究，对亚洲文化、宗教冲

---

① AGGARWAL J C, AGRAWAL S P. Role of UNESCO in education [M]. Noida: Vikas Publishing House, 1982: 43—45.

② APCEIU. APCEIU Brochure [Z]. Ichon: APCEIU, 2004: 4.

突和和平教育进行研究，等等。

第三，努力创建民间和平文化。在亚太区域积极开展民众的人权教育，并举行年度"冲突区域和平教育"研讨会（2001年启动）以及"创建和平的跨宗教对话"研讨会（2002年启动）等合作活动。

第四，创建国际理解教育团结与合作联系网络。如与联合国联系学校网络的教师和学生建立联络网，加强大学与学术基金会的伙伴关系，并通过出版物和互联网，加强各国国际理解教育信息资源的共享。

亚太国际理解教育中心通过上述不同方式，为亚太地区乃至整个国际社会的国际理解教育思想交流与经验学习提供了有效的合作平台，为亚太地区的和平与发展注入活力。

（三）欧盟的国际团结教育

为了加强各国教育领域的学术交流与经验学习，促进国际理解，欧盟在其发展过程中，全面推进各成员国在政治、经济、科技、文化等领域的合作，同时不断加强教育方面的国际团结。

20世纪50年代，法国、意大利等六国始创共同市场，以逐步整合各成员国经济政策，但在当时教育领域并非合作的焦点。1958年的《罗马条约》仍未提及"教育"一词，但此时欧盟已开始关注经济发展与成员国间的专业人才流动问题。20世纪70年代，欧共体成员国明确强调人力资源的培养以及知识创新，并于1976年首次通过教育领域决议案，提出多项主题，包括提供更好的教育和训练措施，促进欧洲教育系统之间的密切团结，编辑教育文献和进行教育统计等。特别是进入20世纪90年代以后，欧盟各国加大了在教育领域的合作力度。在这一时期，欧盟委员会不仅发布了一系列有关促进欧盟各成员国教育文化团结合作的文件，如《欧洲教育绿皮书》（1993）、《普通教育和职业教育教学与学习白皮书：通往认知社会的道路》（1995）、《普通教育和职业教育绿皮书：跨国流动障碍的考察》（1996）、《为了一个知识的欧洲》（1997）等，而且启动了一系列内容丰富、形式多样的教育计划，如"苏格拉底计划"（SOKRATES）、"达芬奇计划"(LEONARDODAVINCI)、"欧洲的青年计划"以及"拉斐尔计划"(RAPHEAL)等。其中"苏格拉底计划"是欧盟最重要、最有影响的教育合作计划。

"苏格拉底计划"由多个子计划组成：(1)"伊拉斯谟计划"(ERASMUS)。该计划在1995年正式启动，旨在通过高校教师、学生的交换，课程领域的合作等一系列措施，促进欧盟高等教育质量的提高；通过与欧盟以外的国家合作，促进不同文化形态国家间的相互理解。(2)"夸美纽斯计划"(COMENIUS)。该计划于1995年启动实施，其目的是促进欧洲在基础教育领域的合作，通过教育信息和经验的交流，使中小学生做好在一个共同的欧洲生活的准备，并培养一种欧洲共同精神和团结精神，使他们日后能自觉地履行一个"欧洲公民"所应有的责任。建立跨国的校际及班级间的合作伙伴关系，开展教师的互访，是夸美纽斯计划的工作基础。(3)"语言"计划。该计划通过各种语言课程学习形式，帮助人们提高外语水平和交往能力，从而促进各文化间的理解与交流。(4)开放课程和远距离学习计划。(5)教育制度及政策的信息与经济交流计划。欧洲教育信息网是信息交流计划最为重要的部分。该信息网由欧洲信息部主持，其任务是调查和观察欧盟及其各成员国的教育情况，收集和管理相关数据，并向人们提供教育信息服务。另外，还有成人教育计划等。

目前，欧盟国际教育合作的类型主要有欧盟与其成员国的教育合作、欧盟与其他区域共同体或国家之间的教育合作，合作的领域主要有基础教育、高等教育、职业技术教育、成人教育、语言教育，以及建立欧盟法律法规，从而促进成员国的合作。

应该说，欧盟教育计划在很多方面是成功的，特别是在促进欧洲社会团结、国际化和文化多元化方面，可谓卓有成效。加强各民族间的相互理解与沟通，寻求团结与帮助，是欧盟教育计划追寻的主要目标，而人员交流、信息交流以及经验交流是欧盟教育计划的主要工作内容。"苏格拉底计划"和"达芬奇计划"都把相当一部分资金用在帮助教育者和学习者互访互学上。

(四)美国的国际团结教育

国际教育合作是美国教育国际化的基本途径,也是开展国际理解教育的重要内容之一。1946年《富布赖特法案》、1966年《国际教育法》以及后来的《国家安全教育法》等都对国际教育合作做出明确规定。《超越"9·11":国际教育的综合国家政策》指出,与国外高等教育机构合作能够提高美国大学课程和研究质量,能为学生和教师提供学习他国知识与文化的机会,并能帮助发展中国家共享资源,培养官员、管理者、科学家和技术人员等,从而促进可持续性经济增长和社会稳定。高等教育机构在与世界上其他国家建立伙伴关系,解决全球问题上起着极其重要的作用。因此,该报告强调,国家应该不断加强、扩大和推广国际教育团结与合作的伙伴关系,促进国际教育交流与研究合作,增强美国学生的语言学习和文化理解能力,并鼓励与其他国家和地区进行教育和课程开发合作,鼓励合作研究和学习,以解决全球问题。

(五)中国的国际团结教育

我国一向重视教育领域的国际团结教育。早在新中国成立初期,政府就启动了国际教育交流与合作计划,特别是与苏联开展了全方位的教育合作。在此期间,俄语教学在我国也得到了显著发展,人们对苏联的社会文化有了更深入的了解。在向苏联派遣留学生、与苏联开展全方位的教育合作的同时,我国与其他国家的教育合作也有明显的发展。

改革开放以来,为了增进国际理解、维护世界和平,我国的国际合作取得了突破性进展。1978年9月,邓小平指出:"毛泽东同志关于三个世界划分的战略思想,给我们开辟了道路。我们坚持反对帝国主义、霸权主义、殖民主义和种族主义,维护世界和平,在和平共处五项原则的基础上,积极发展同世界各国的关系和经济文化往来。"[1]这一指导方针为我国新时期国际教育合作和交流提供了重要的政策依据,多边教育交流与合作机制开

---

[1] 邓小平.邓小平文选:第二卷[M].2版.北京:人民出版社,1994:127.

始启动，特别是与联合国下属组织进行合作。与联合国开发计划署（简称"开发署"）的教育合作始于 1980 年，开发署与我国教育合作的主要方式是提供资金和技术援助。开发署提供的资金主要用于聘请国外专家来华进行业务咨询和培训，安排我国专家和有关人员出国考察，学习外国的先进经验，等等。开发署在我国实施合作项目的一个条件是，中方必须给予相同比例的投入。我国与开发署在教育方面的主要合作领域包括：提高英语教学和培训能力，提高高等学校科学研究和管理能力，提高中小学管理和教学能力，加强职业学校和职业学校后培训，等等。我国与联合国儿童基金会在教育方面的主要合作领域包括：提高学前教育质量，提高小学教育质量，加强少数民族幼儿、小学教育，加强特殊教育、远程教育和贫困地区小学教育。

我国与联合国教科文组织合作也取得重大成绩。我国与联合国教科文组织合作的主要目的是，开阔视野，了解世界，同时也向世界介绍我国的实际情况，让世界了解我国。合作的基本框架内容包括：中国派政府人员和专家参加联合国教科文组织的会议，包括联合国教科文组织主持的一些地方性会议；联合国教科文组织资助中国有关专家考察其他成员国的教育、科学、文化方面的情况；联合国教科文组织与我国合作，在我国举办有关教育、科学、文化方面的研讨会，并聘请其他国家专家与会；联合国教科文组织在我国举办培训班，培训有关人员；联合国教科文组织资助我国人员去联合国教科文组织成员国学习、进修、交流思想和经验。同时，我国也向其他成员国提供培训和教育；我国与联合国教科文组织交流教育出版物，并以中文出版联合国教科文组织的一些重要出版物等。我国通过联合国教科文组织学习世界上先进的有益的经验，同时也为世界发展做出应有的贡献。

第六章

国际理解教育的方法

随着南北合作的深化和南南合作的逐渐增强，国际教育援助进入了发展援助阶段。在联合国教科文组织的积极倡导下，各国都在如火如荼地开展国际理解教育，在外语教育、国际问题学习和研究、国际教育交流与合作、对外教育援助等方面，已经取得辉煌成绩，敌视和冲突在一定程度上得到了消解。培养具有国际视野和国际理解能力的公民日益成为各国教育改革的主要目标之一，创建和平文化的理念日趋深入人心。然而，由于受到国际国内政治和社会环境的制约，在国际理解教育实践上，许多国家为了维护本国利益以及出于文化输出与扩张的目的，不同程度地采用了"灌输式"的方法。然而，今天的时代与以往任何时代都有所不同，国际社会呼唤新的国际理解教育，同时也为国际理解教育提供了新的适宜土壤，因此，国际理解教育应该建立在平等对话与交流的基础上，而不是作为文化殖民的工具，国际理解教育应该由过去的"灌输式"走向"对话式"。

一、"灌输式"国际理解教育

国际理解教育的实质和核心是在维护国家利益的前提下增进国际理解、促进国际教育交流与合作。但是在国际理解教育实践中，许多国家总是把国家利益和民族利益放在头等重要的位置，尤其是一些发达国家，如美、英、日、法等国。这些国家本来就是国际理解教育的主要发祥地，因此它们倡导的国际理解教育往往隐藏着相当的国家利益和民族利益动机，把霸权主义和强权政治渗透（有的是公然强加）到国际理解教育中。许多国际交流项目或计划也带有浓厚的政治色彩。美国国际理解教育从一开始就与以文化扩张为目的的外交政策紧密结合，或者说是以对外文化扩张政策为核心，并始终以国家安全为核心。"二战"后美国制定的许多援助计划、20世纪60年代的和平队等，宗旨也只是推行他们的价值观和生活方式，培养美国在其他国家政治上、经济上和文化上的代理人。这就形成了所谓"灌输式"的国际理解教育，而不是真正意义上的国际理解教育。

日本在20世纪60年代以后，随着经济实力的增强和国际地位的不断提高，其国际理解教育逐渐偏离"国际理解""世界和平"的轨道，转而走向民族中心主义和国家主义，向日本国民灌输"作为日本人的自我身份""日本人应受国际社会尊重"的国家主义教育思想。正如日本教师联合会所批评的："政府在教育的国际合作上所做出的努力，是它想使日本变成政治、经济和军事大国的企图的一部分。增进国际团结合作的教育，应当通过有关和平与人权问题的内容的教学与通过不同民族历史的教学来进行。因此，毫不夸张地说，日本教育无论在和平时代还是在战争时代和全球时代，都成功地灌输了'国家意志'的民族主义教育理念。"

这种"灌输式"的国际理解教育，研究计划多半是由富国确定的，是以它们关注的问题为中心的，具体表现在以下方面。(1)操纵和控制国际理解教育组织和机构，或对国际理解教育组织横加指责、干涉，迫其就范，使之为自己服务。如20世纪70年代以后，联合国教科文组织总干事一职多由发展中国家的人士出任，他们开展了一些有利于落后国家发展的活动。美国、日本、西德等发达国家便愤愤不平，继而挑剔、非难联合国教科文组织开展的活动，或不与之合作，最后以不提供经费相威胁，甚至退出联合国教科文组织。这是西方发达国家霸权主义在教育中的典型表现。(2)打着国际理解的旗号，在国际理解教育中大肆推行、宣传它们的意识形态、价值观念和伦理道德，鼓吹它们的教育模式、经济制度和政治体制，力图把发展中国家的教育和社会发展纳入它们预设的轨道。(3)借国际教育援助之名，行公开干涉别国内政之实。如美国的和平队，虽然它公开宣称的目标是所谓"促进世界和平与友谊"，"帮助所在国满足对专业人才的需要，促进当地人民对美国人民的更好了解以及美国人民对所在国人民的了解"。然而，在实际活动中，相当多的和平队队员有意无意传播了西方的价值和意识形态，有的甚至参与了颠覆别国政权的活动。在国际教育援助上，西方许多国家也开列了一系列要求，特别是政治方面的要求，从而对受援国进行干预。正如有的学者指出："外援，特别是人们通常所说的官方发展援助应当是以促进受援国长期持续的经济发展为其根本目的的。然而，战后几十年的经验表明，每年数以亿计的外援所产生的效果并不（像）人们期待的那样令人满意。事实上，外援在冷战期间一直受到东西方对抗和争夺的制约，在冷战以后又受到西方援助国附加的各种政治条件的困扰。此外，外援中还充满援助国对本国特殊利益的追求。"①

因此，这种灌输式的国际理解教育，是一种发达国家向发展中国家提供援助式的倾斜的教育，是一种变相的霸权主义，不仅造成发展中国家越来越多的优秀人才外流、越来越多的优秀文化传统被外来文化所同化，而且在这种灌输式的国际理解教育模式中，发展中国家过多地依赖发达国家的经验，受外国经验的约束，难以实现真正意义上的"国际理解"。

二、"对话式"国际理解教育

真正的国际理解教育宗旨早在《联合国宪章》、联合国教科文组织《组织法》和《世界人权宣言》中就被明确申明：国际理解教育的目的应是充分发展人的个性并加强对人权和基本自由的尊重；教育应促进各国、各种族或宗教集团间的理解、容忍和友谊，并应促进联合国维护和平的各项活动。②联合国教科文组织第十八届大会通过的《关于促进国际了解、合作与和平的教育以及关于人权与基本自由的教育的建议书》也把下列内容规定为国际理解教育的指导原则：（1）各级各类教育应具有国际的内容和全球的视野；（2）了解和尊重各民族及其文化、文明、社会准则和生活方式，包括国内的民族文化和其他国家的文化；（3）认识国与国和人民与人民之间日益增长的全球范围的相互依赖；（4）既认识个人、社会集团和国家各自的权利，亦认识相互承担的义务。显然，增进世界各国、各民族人民之间的了解，认识国与国、人民与人民之间的相互依存，理解并尊重别国人

---

① 刘振喜. 外援与发展 [J]. 国外社会科学，1995（3）：32—36，39.
② 联合国教科文组织. 世界教育报告 1991 年 [M]. 北京：人民出版社，1992：16.

民及其文化，了解个人、社会集团和国家各自的权利是世界大多数国家认可的国际教育的目标。

从另一方面来说，人类目前面临的挑战已经远远超出了个人乃至一个国家的范围，如大气污染、臭氧层的破坏、核泄漏造成的放射性污染、水污染、耕地减少、动植物物种的绝灭、森林被毁、人口急剧增长、战争、文化摩擦等，这一切都严重威胁着人类的生存。而解决上述问题，就必须推进全球合作，增进不同民族、国家之间的相互理解。它也要求每一个国家和民族从全人类利益、全球观点出发考虑问题，而且要求把教育提高到比任何时候都要重要的水平，培养适应国际化的开放性人才。科学技术的进步使世界越来越小，人类不论贫富都生活在一个地球村里，彼此交往日益频繁，只有相互关心、互相帮助才能克服世界面临的危机，而在其中，教育是培养国际精神、合作意识的一条不可缺少的途径。因此，"对话式"的国际理解教育，即真正意义上的国际理解教育，是我们解决全球问题所必须依赖的一条有效途径。

那么，如何实现从"灌输式"的国际理解教育向"对话式"的国际理解教育的转变呢？笔者认为可以从以下几个方面着手。

（一）课程设置体现国际维度

课程内容是国际理解教育的核心。走向"对话式"的国际理解教育课程内容首先要从"学会学习""学会关心""学会理解、宽容与尊重""学会认知、学会做事、学会共同生活、学会生存"这些具有国际意义的教育思潮中把握课程文化的重建。特别注意改进课程设置、教科书内容和包括新技术在内的其他教育材料，以便教育有爱心和责任感的公民，使他们面对其他文化能够欣赏自由的价值、尊重人的尊严和差异，并能防止冲突或通过非暴力手段解决冲突。具体可从以下几方面着手。

1．改进地理教学

客观的地理教学，可以消除儿童认为自己是世界中心的感觉，并增强他们对人类相互依赖和道德团结的意识，使爱祖国与尊重他国主权的观念共同植根于儿童的观念中。同时,通过地理教学,研究人类在改变环境以适应自身需要方面做出的努力,既可以激发学生对自己国家的热爱,又能培养其尊重其他民族的感情,并能充分了解本国和别国的物质环境、经济生活、人文和政治状况,从而有利于增进国家之间的相互理解与合作。在地理教学中还应引导学生去思考整个世界及其居民,理解人类与其环境之间的关系,引导他们正确地看待必须解决的问题,培养国际意识。

2. 改进外语教学

外语教学是提供了解别国文化和生活方式,开展国际理解教育的积极、主动、有效的途径,同时也能通过外语交流,让别国更多地了解我国。掌握一门外语知识以及对应国家的文学、历史、文明和生活方式,能有效促进各国的经济和文化交流与发展,有利于增进国际理解和民族之间的和谐。在外语教学中应加强阅读、词汇和写作表达的教学,这些对开展国际理解教育十分必要。掌握读、写、说的技能能使公民较快较好地获得信息,清楚地了解他们生活的环境,表达自己的需要,并参加各项活动。外语学习也能为更深入理解其他文化提供工具、基础。联合国教科文组织的"和平语言项目"可以作为这一方面的范例[1]。外语教学应同时具有教育性和实用性,外语教学本身不是目的,应通过语言的文化和人文内涵,积极开展丰富多彩的集体活动,训练学生的心智和性格,更好地促进国际理解和在各民族之间进行和平友好的合作与交流。

3. 改进历史教学,客观公正地对待本国以及其他国家的历史

以往的历史课往往以突出表现差异和颂扬优越感的方式来强调民族特性,这种课程指导思想本身就不科学。历史教学旨在使学生批判地了解自己的文化,更应促使他们意识到并能鉴赏自身文化对国家文明和世界文明的贡献。定位于国际理解教育的历史教学应把本国的历史与文明史联系起来,并更多地关注人类发展的社会、经济、文化和科学等;应尽可能客观

---

[1] 联合国教科文组织. 教育的使命:面向二十一世纪的教育宣言和行动纲领[M]. 赵中建, 译. 北京: 教育科学出版社, 1996: 197.

地描述本国的历史和其他国家的历史，重视不同的观点和解释，并与现代历史学术研究的结果相一致；应特别关注人权，包括为民族自由和社会公正而进行斗争的历史；关注那些改善人类福利的国际合作机构的发展，以及不同国家伟大人物的工作和成就对人类的贡献。[1]这种强调真实内容的历史教学有助于帮助学生从小意识到其他民族、国家也有着与我们不同的丰富的历史，承认并尊重这种差异性，从而能让学生以一种更开阔的视野、胸怀去了解其他民族、文化，形成一种博大、多元的国际精神。

当然，其他学科对于开展国际理解教育也都有着非常重要的作用，如公民和道德教育、艺术、音乐、舞蹈和体育等学科，都应该本着国际理解的精神来设置课程，而且各个学科也应该从世界各地汲取养料。在有些基础学科中，如母语、民族文学、数学、自然科学和现代语言中，即使课程内未对国际理解做出专门的规定，国际理解的精神同样可以在每个合适的场合得到发展；还有一些学科，如道德和公民教育以及包括音乐、舞蹈和体育在内的教育，应该为与国际理解直接相关的学习和活动提供大量的机会。在所有这些学科中，地理、外语、历史三门学科则为国际理解教育提供了尤为有利的框架，因此笔者在这里着重提出了这三门学科。另外，不同学科的课程大纲也应有足够的灵活性，以使不同学科之间有可能紧密联系。

（二）教学方法与组织形式体现国际意识

教学过程是师生交往、共同发展的过程。没有交往，没有互动，就不存在或发生教学。要通过交往、对话，重建人道的、和谐的、民主的、平等的师生关系，倡导合作学习，建立新的"学习共同体"。因此，教学方法、教学组织形式应该有利于培养学生内在和平观，以形成学生宽容、理解的品质。具体来说就是在学校中应该营造一种有助于国际理解教育的氛围，使学校成为实践宽容、理解的理想场所；在教学中，多采用讨论、座

---

[1] TYE K A. Global education as a worldwide movement [J]. Phi Delta Kappan, 2003, 85(2): 165-168.

谈、参观、访问等方法，能较好地培养学生的合作精神，同时教师在教学中也应把有关的国际问题穿插在不同的学科里，如前面所提到的在历史教学中穿插他国的历史及全球所共同关心的问题，也能有效地帮助学生认识和理解国际团结、养成国际意识；所有的教育组织形式，也应本着培养学生责任感和社会合作能力的精神，培养学生对世界共同体的责任感，在教学时体现出这种国际意识和合作精神，如组织进行学生与学生间的合作、校与校之间的合作、校内外的合作等多种形式的教学活动。而且，在不同的学习阶段，教学方法与教学组织形式应有所侧重、有所变化，但最终都应能激发青少年对未来世界问题的兴趣，有利于他们国际精神的养成。

（三）培养具有国际精神的教师

在发展国际理解教育的过程中，教师的个性和态度至关重要，会在很大程度上决定国际理解教育是否能达到其目的。因此，教师应尽可能地在道德、心理和职业上做好准备，以有效地参与国际理解教育。为了达到国际理解的目的，教育决策部门应研究出合适的指导教师培训的一般课程和教学方法，对教师的培训应致力于减少他们自身偏见的影响，并培养他们提高为国际理解所做工作的成效的思维和行为素质。此外，教师培训的目标应是唤起教师对这方面教育的兴趣，使教师认同国际理解的重要性，并对自己进行国际理解教育的能力充满信心。各教育部门还应定期为在职教师组织有关国际理解教育的专门研讨班或开设培训课程，使教师能够经常进行交流，从而培养一种国际精神。同时，教育部门还应积极促成国内外教师的交流，一方面采取措施以确保派往国外交流的教师在国外教学期间享受应有的劳动保护及福利待遇；另一方面还应采取措施鼓励教育机构接收来自国外的教师。

（四）利用广泛的校外资源培养国际精神

要培养真正的国际精神，实现真正的国际理解教育，还不能只靠学校教育，应该采取措施鼓励家长、社区参加到教育中来。我们不能忽视社会教育对国际精神、国际意识的培养作用，整个社会都应负起同教育系统合作开展国际理解教育的重大责任，以期全面实现真正的国际理解教育。

校外教育的具体措施可包括：纪念为人类的文化发展和科学发展做出贡献的杰出人物，以及纪念发生国际重大事件的日子，如联合国日和人权日；各种社区资源，如公共图书馆、博物馆、青年俱乐部等，也应与学校合作，帮助培养青年学生的合作精神；以促进国际理解为主要目的的俱乐部或协会类的组织，应该组织一些学校间的活动，而且应该建立一些全国性和地区性的俱乐部协会等。总之，应通过各种手段促进国际理解。

（五）开展各国的民族团结教育

要真正实现从"灌输式"国际理解教育向"对话式"国际理解教育的转变，必须搞好本国的民族团结教育。所谓"练功先练内力"，试想，一国之内的民族团结教育开展得乱七八糟，又如何谈得上开展国际理解教育？而且，国内的民族团结教育搞好了可以为国际理解教育提供经验和借鉴。所以，国内民族团结教育是国际理解教育的基础，唯有把国内民族团结教育的基础打牢，才能更好地开展国际理解教育，才能更好地实现向"对话式"国际理解教育的转变。

搞好本国的民族团结教育，从观念层面来说，应该提倡"和谐文化"。所谓"和谐文化"，是一种广泛的、多层面的和谐的概念，它意味着要有各种文化、意识形态和信仰之间的相互尊重和相互接受的精神。[①]在实践层面，我们就应该摒弃霸权、歧视，采取行动消除教育系统中对少数民族及女性的所有直接和间接的歧视，并采取具体措施以确保他们充分实现自己的潜能；承认并接受存在于各民族和文化中的价值观，发展他们与他人进行交流、分享与合作的能力；教育学生学会尊重不同国家和不同民族的价值观念，尊重各民族的文化传统，尊重各自选择的社会制度和切身利益。因为

---

① 联合国教科文组织.教育的使命：面向二十一世纪的教育宣言和行动纲领 [M].赵中建，译.北京：教育科学出版社，1996：186.

我们提倡的是各民族人们在交往中能够相互理解、相互尊重并以完全平等的地位进行磋商，因此，教育还必须加强个人教育并鼓励那些能增强个人和民族之间的和平、友谊和团结的各种思想和方法。

（六）积极主动开展国际合作与交流

反对国际理解教育中的霸权主义，变"灌输式"为"对话式"的国际理解教育，关键的一点还在于积极主动地开展国际合作与交流。"坐等他人的援助，坐等机会"的做法只能导致一种不平等的国际理解教育，受援国始终停留在"被灌输"的位置，无法真正实现"对话式"的国际理解教育。

因此，发展中国家首先应该积极主动地利用新技术、新媒体宣传本国，为更好地让别国人民理解本国提供信息，因为只有在了解的基础上才能有更进一步的理解。同时，发展中国家应进一步开展国家和国际层次的教育经验和研究工作的交流，促进本国学生、教师和研究人员与他国人员之间的直接接触，增加学校之间的团结和互访；促进不同国家或不同文化环境中的学生、教师以及其他教育工作者之间的直接接触和定期交流。发展中国家还应该组织参观访问那些成功进行了试验和革新的学校，尤其是邻近国家的这类学校，加强合作。

除此之外，发展中国家还应鼓励和支持国际理解教育的实验性方案和试验项目的施行，例如支持中小学和教师培训机构参与联合国教科文组织国际理解教育的"联系学校计划"，鼓励来自不同国家和不同文化的学生在课外进行接触，鼓励并支持教师和青年学生出国参与经济、社会、文化和教育发展的志愿服务，鼓励和支持学校之间的国际接触和交流，鼓励学校之间的双边、多边和国际性的体育运动会，从而促进有关和平，尊重民主、人权和理解、宽容的价值观念的延伸。[1]

当然，在对外交流中，发展中国家应保持自己的独立性，扩大自己的

---

[1] 联合国教科文组织. 全球教育发展的历史轨迹：国际教育大会 60 年建议书 [M]. 赵中建, 主译. 北京：教育科学出版社，1999：511–521.

影响，逐步从完全受援的被动局面向主动寻求合作伙伴的局面转变，从而真正实现"灌输式"向"对话式"国际理解教育的转变。

三、"对话式"国际理解教育方法的范例

（一）上海市福山外国语小学"对话式"国际理解教育

我国积极开展国际理解教育的过程中，涌现出了一批应用"对话式"国际理解教育方法的典范，其中，上海福山外国语小学开展的国际理解教育就是"对话式"国际理解教育方法的成功实例。

1. 国际理解教育课程设置

福山外国语小学开展国际理解教育的目标是让学生了解多元文化、全球问题等国际背景知识，在探究与体验的基础上，初步培养学生的全球视野，以及运用国际交流语言的能力和国际交往能力，培育学生的国际视野与中国意识，为他们将来参与国际竞争与合作打下扎实的基础。国际理解教育课程分为以下三个部分。(1) 国际理解教育特设课程，精选国际知识、全球问题，涉及广泛的社会问题和价值观念问题，根据学生认知特点分年级加以组合，形成学生可接受的教学内容，按照年级、学期、单元等要求划分课程内容，使学生初步了解国际知识，培养国际交流能力、全球视野。(2) 国际理解教育主题活动，以国际理解教育为主题，结合学生在学校和社会生活中实际开展的活动，让学生在主动参与和主动探究的过程中，比较全面地了解世界多元文化，树立全球概念。(3) 国际理解教育学科渗透，将国际交往所需要的知识、技能渗透于有关学科的教学之中，营造潜移默化的国际理解教育环境，各学科形成合力，使国际意识植根于学生心灵深处，引导他们开阔视野，掌握技能。学科教学中要体现国际理解教育的基本理念，各学科教师结合本学科教学目标，寻求与国际理解教育相关联的内容。在实施中，强调突破学科界限，加强学科整合，实现多点渗透，避

免形式机械、内容单一。

2. 培养具有国际精神的教师

该校制定教师自主学习制度，使教师加强对东西方文化的了解，培养教师在学校各项教育活动中实施国际理解教育的意识，提高教师的文化品位。如让青年教师努力学习英语，加强信息技术运用能力和网上交流能力，创造浓厚的外语学习氛围，提高教师的社会交往能力。制定教师校内外交流制度，采取各种形式，定期进行理论学习、英语学习、文化学习的交流。组织教师进行国际理解教育和双语教学研讨，不断改进教学方法和教育手段。积极加强学校与发达国家和地区的教育教学交流合作。与国际友好学校结成姐妹校，通过委派教师出国培训、举办国际性的教育研讨活动、参与或组建民间的教育网络、广泛开展国际交流与合作，更好地宣传学校的教育传统和经验。适当承担一些国际项目，增强学校教师与国际对话的能力，建立教师培养的新机制和评价新体系。建立专家引领制度，邀请知名专家、学者讲学，在学校文化、教师发展、课程改革、全球理解教育与学会共存、信息技术应用等方面给教师带来新的研究成果，指导、引领教师的实践。

3. 校园文化资源的开发与校园文化的建设

该校布置了自己的"文化墙"，让学校的每堵墙壁都能对学生进行国际理解教育；充分利用学校走廊，通过"外语之窗"、标语、图画、"民族文化长廊"和"世界文化广角"营造国际理解教育氛围，形成"走廊文化"。让每个班级、每个学生都行动起来，让学生自己运用不同国家、不同风格的装饰创设周围的环境，增强学生对民族文化和传统文化的了解。

该校运用电视台、广播台、小报、电子大屏幕进行国际理解教育的宣传。开展"福山外语节"活动、英语俱乐部活动、英语夏令营活动，以沙龙、专题讲座、社会考察、实践体验、访问交流、汇展等多种形式开展"人与自然""生存与发展""战争与和平""贫穷与富有""美与丑"等主题活动。

4. 重视校外教育资源的开发与利用

通过家校交流会、问卷、亲子作业设计等形式，让家长了解国际理解教育校本课程开发的意义、内容、做法，调动家长支持、关注、参与课程资源的开发与利用。开展实践活动，让家长参与学生的学习实践活动。

5. 加强与海内外师生和学校的交流与合作

开展师生访学，2002年启动了沪港师生文化交流活动，每年与香港学校进行互访。2004年启动学生赴澳洲游学活动，师生直接参与国际交流。2005年启动学生赴加拿大游学活动。通过这些活动进行国际交流，让更多学生体会来自世界另一端的诸多差异，有利于学生学会比较，促进国际理解。

总的看来，福山外国语小学开展的国际理解教育主要突出了以下特征。强调真正的文化对话，把文化对话作为国际理解的具体表现和目标。文化对话是一种文化上的接触、了解、沟通、理解的发生过程，体现为不同文化主体既各自独立又相互融合。强调基本价值观的动态建构，在教学目标上，改变只强调知识的传授和记忆的做法；在教学组织上，改变只强调学生单向地、被动地接受知识的做法；在学习评价上，改变偏重对知识的理解与运用的做法。做到在课堂上允许或鼓励学生提出不同的答案，让学生有机会发表自己的看法和观点，使知识"活"起来，通过把"知识"放在问题中，放到现实中，放到一定的情境中，使之有效应用，指向、探索并解决一个问题，在促使学生掌握知识的同时，促进能力的发展。

（二）韩国"对话式"国际理解教育

韩国在国际理解教育方面做出了大量的努力，特别是亚太国际理解教育中心，为实现从由"灌输式"走向"对话式"的国际理解教育，积极为韩国中小学开发国际理解教育课程，并加强教师培训。

亚太国际理解教育中心开发的中小学国际理解教育课程主要包括五个领域：理解多元文化、全球化问题、尊重人权、和平世界、可持续发展。课程的总体目标是：教育学生通过"学会相处"创建"和平世界"；实现地方、国家和全球范围的可持续发展；理解世界上其他文化，促进国际合作；尊重人的尊严和人权；恰当处理并积极参与全球化进程中的事务。[1]

在课程内容上，小学教科书主要是《我们是世界公民》，主要内容有"我们既不同又相同""他国文化一瞥""世界一体化""他们来自哪里""我们需要和平""地球的未来"等；初中国际理解教育教科书主要是《学习共同生存的世界》，主要内容有"陌生文化""人类生命""和平的地球村""地球永恒生存""世界之物"等；高中教科书主要是《创建共同生存的世界》，主要内容有"活跃和传播文化""东西方相遇与全球化""创建无歧视世界""和平！遥远但必须实现！""粮食文化和可持续发展"等。[2] 将《国际理解教育》杂志作为韩国中小学校开展国际理解教育的重要资源。在教学和学习方法上，鼓励学生自主学习，注重师生交流和对话，开展丰富的国际理解教育主题活动，等等。

在教师培养方面，开设广泛的国际理解教育课程。职前教师教育主要有以下课程：必修课程如国际理解教育导论、当代全球经济与国际合作、世界政治与国际关系、学校国际理解教育实践等；选修课程如全球经济体系与经济一体化，后现代性与当代文化，国际争端与和平教育，全球化时代中的国家与国家主义，女权主义、性别与儿童保护，世界历史与当代历史理解，社会文化背景下的区域学习比较研究，等等。在职教师培训课程主要有国际理解教育的概念与方法的国际趋势、国际理解教育交流计划、学校国际理解教育个案研究、全球化的挑战与任务、国际社会中人权发展、和平与共存教育等等。[3]

总的来看，韩国"对话式"国际理解教育基本特征主要体现为：内容主题涉及社会公正、人权、文化尊重和团结、相互依存、可持续发展、解决冲突、包容、性别平等、民主和消除贫困等；学习过程主要有合作活动

---

[1] DOO-YONG C. Education for international understanding in the Republic of Korea [J]. Journal of Education for International Understanding, 2005（1）：85–108.

[2] 同[1].

[3] 同[1].

课程、课外活动、以行动为基础的活动、态度形成活动、师生定位、认知与移情、将问题客观化等；教学方法多样，有文化回应体系、民主课堂、包容、冲突转移、合作学习、鼓励创新、小组学习、非语言方法、对和平与人权的敏感度、角色扮演等；在评估方面，注重事实、调查、实际成果、具有改革能力的知识、教学实践等。

  总之，随着国际教育援助进入"发展援助"和"内源发展"阶段，援助的主体发生了很大变化。以前援助国、受援国身份单一、明确，现在，许多援助国也是受援国。援助的利益相关者更多、更复杂了，需要平等协商、共同工作、共享成果。因此，从"灌输式"走向"对话式"的国际理解教育是国际教育援助发展的必然要求和趋势，也是国际理解教育的实质所在。只有彻底消除以国家主义、民族中心主义和霸权主义为导向的"灌输式"教育模式，努力建构"对话式"国际理解教育体系，才能实现真正意义上的国际理解教育，才能从根本上消除社会中存在的不平等、不公正、社会分化和偏见，不断地增进人们之间以及种族、社会、文化和宗教群体和主权国家之间的相互理解、团结和宽容，并建立一种和平与民主文化，最终实现全人类的和谐发展。

第七章

日、美、英、中等国学校开设的国际理解教育

国际教育援助不仅能够改善受援国的教育基础，提高它们的教育质量，而且是援助国展现其独特的文化、意识形态、政治价值观的重要方式，有利于增强其国家影响力，是援助国提升软实力的重要手段。

20世纪80年代以后，国际教育援助步入稳定发展时期，援助理念和重点发生了重大变化：从关注经济发展到关注人类基本需求；从以双边援助方式为主到以多边援助、双边援助共同推进；从项目援助到部门援助和计划援助；从支持硬件设备建设到支持软件建设。

由于国际教育援助获得广泛共识，发达国家纷纷加入国际教育援助的行列，并且在"满足人类基本需求"的理念下，国际教育援助开始向初等教育倾斜，日益重视农村教育、非正规教育、女性教育等初等教育领域的援助。

在基础教育领域，联合国教科文组织是国际理解教育的主要倡导者，也是国际理解教育的"领航者"，曾多次提出关于国际理解教育的建议和报告。在1948年第11届国际公共教育大会上，联合国教科文组织率先提出"青年的国际理解精神的培养和有关国际组织的教学"的建议，1949年第12届国际公共教育大会上，联合国教科文组织提出要把"地理教学"作为开展"国际理解教育"的重要工具。1968年的第31届国际公共教育大会上，联合国教科文组织又通过了关于"作为学校课程和生活之组成部分的国际理解教育"的一系列建议，提出学校课程和教学大纲应对适合于各级各类课程的国际理解教育做出具体的规定，并给予足够课时；各级教育考试中应包括与国际理解教育方案内容有关的问题。大会还就具体学科中和教学及学习活动中的国际理解教育内容设置提出若干建议，并要求各国加强关于国际理解教育的教师培训、科研和国际交流等项目活动。

联合国教科文组织一系列关于"国际理解教育"的建议和报告中，多次强调在培养学生国际意识、国际理解精神的过程中，加强外语教育，开设国际问题课程或相关教学内容，注重教师和学生的培训、学习和国际交流等。在联合国教科文组织的指导下，很多国家都把国际理解教育作为各级各类教育内容的一部分，提倡从小就要培养学生的"全球意识"和"国际理解"素养。世界各国或专设国际理解教育相关课程,或把国际理解教育渗透到各级学科课程中,其中外语教育课程和国际问题课程是最重要的国际理解教育课程。相对来说,英国、美国、日本学校国际理解教育开展得比较早,对这些国家的国际理解教育进行研究,可以了解国际理解教育的发展状况和趋势,探索其发展规律,同时为我国新时期开展国际理解教育提供可参考方案。

一、加强外语教育

随着全球化进程的不断深入,国际依存不断加强,国际经济进入了所谓的"大型竞争"(mega-competition)时代,国际理解和合作越显重要。在这种国际背景下,毋庸置疑,要培养"国际视野"和"国际觉悟",一个最基本的前提就是解决和外国人沟通、交往的语言问题。如果不掌握外语,没有应用外语的能力,就不可能有真正的国际理解和国际交往。同时,外语学习具有跨文化理解之功能。因此,对学生进行外语教育就日显重要。联合国教科文组织的国际理解教育建议中多次强调,为了实现为和平、人权和民主的国际理解教育,要特别加强阅读、词汇和写作表达的外语教学。在1965年第28届国际公共教育大会上,联合国教科文组织建议,加强中学的外语教学,并认为掌握一门现代外语以及使用这门外语的国家的文学、历史、文明和生活方式,非常有利于增进国际理解和民族之间的和谐,建议每个国家规定在所有中学各年级的课程中至少开设一门现代外语。现代外语教学本身不是目的,应通过语言的文化和人文内涵,训练学生的心智和性格,并更好地促进国际理解和各民族之间的和平友好合作。现代外语教师不仅要接受教育理论和教学实践培训,也要接受一般的培训和语言学方面的培训,应增加合格教师数量,应该拥有能帮助培养合格的本国外语教师的外籍教师。各国政府、国际组织以及任何其他被认可的机构应合作制定有关教师、学生、助教交流的国际制度。①

（一）日本的外语教育

"二战"后，随着日本经济的高速发展，经济实力的增强，特别是日本经济的国际化，日本的教育也日趋国际化。在联合国教科文组织提出"国际理解教育"建议的推动下，日本积极开展国际理解教育，并于1953年正式加入了联合国教科文组织的"联系学校计划"，其根本目的是通过学校的各种教育措施和教育活动培养既有国际视野又懂日本传统文化，既有民族感情又有国际精神，既能在国际社会中尊重对方的立场又能独立地表达自己的想法和意见的国际公民。1998年，日本高中基本问题特别委员会发表的《今后高中教育应当怎么办》报告中明确指出，造就"自立个体""共生精神""领袖气质"的新时代高中生。其中，"共生精神"指的是市民性、公民性和自然共生，具有全球视野、历史视野和文化视野。通过加强外语教育，使学生了解国外生活和文化，加强国际理解与合作，是日本开展国际理解教育的主要途径和内容。

1. 外语教育政策

教育政策是教育实践的指导纲领和根本保障，外语教育政策是一个国家实施外语教育实践的根本性指导框架。1974年，日本中央教育委员会在《加强教育、文化、艺术和科学的国际交流》报告中指出：努力培养日本国民在国际社会受到信任和尊敬的品性，把加强外国语教育、国际理解教育、对外国人的日语教育、对海外日本学童和归国学童的教育作为优先发展项目。② 这份报告还指出，日本国民的外语语言能力极其薄弱，正在成为国际交流中的一大障碍，学校课程必须强调外国语教育。

1985年教育课程审议会审议报告在"各学科共同改善方针"中明确规

---

① 联合国教科文组织. 全球教育发展的历史轨迹：国际教育大会 60 年建议书 [M]. 赵中建, 主译. 北京：教育科学出版社, 1999：310-317.

② AKUZAWA M. Critical review on education for international understanding in Japan: from the perspective of civil society [J]. Journal of Education for International Understanding, 2005(1): 67-84.

定,在国际化进程中,加深对日本文化与传统的理解、对世界的历史与文化的理解,努力培养学生的外国语能力,并将外国语作为中学必修课目。在这个咨询报告的精神下,1989年的外语学科教学目标强调适应国际化的发展,进一步培养交际能力;培养积极主动地进行交际的态度;激发学生对外国及本国语言、文化的兴趣,加深对国际社会的理解。①

1993年日本文部省制定的中学外语科国家课程纲要中,把英语作为国家最重要的外语科目。又提出了外语学科的课程目标:发展学生运用外语交流的基本技能和积极态度,激发学生对其他语言及文化的学习兴趣,培养他们基本的国际理解意识。②

为了全面提高日本学生的英语水平,日本文部科学省于2002年7月12日出台旨在培养"具有英语能力的日本公民"的战略计划。该计划提出今后日本学生英语教育的基本目标是:提高所有日本国民英语语言能力,使初中、高中学生毕业后能够熟练运用英语交流;提高专业领域或参与国际事务的国民之英语语言技能,大学毕业生能够在工作中广泛运用英语。该战略计划的主要政策措施包括:激发学习者的学习动机,如加强与非公共部门的英语教育资源共享,提高学校和社区整体英语教育水平,扩大出国学习机会,加强国际交流和国际理解教育;丰富和完善英语教育教学内容;革新学校和学生评估机制,建立"高级英语高中"(Super English High School),实施以提高社区教育项目中多种外语教育水平为目的的"外语教育多样化社区工程";提高英语教师的资格认证水平,改善教学体制;加强小学英语会话活动;培养学生准确表达和理解日语语言的能力;等等。③

2006年1月,日本文部科学省委托日本国际文化交流财团商讨"高中外国语教育:目标、内容和方法"之议题,日本国际文化交流财团通过对

---

① 水原克敏. 现代日本教育课程改革[M]. 方明生,译. 北京:教育科学出版社,2005:482.
② MATSUDA A. International understanding through teaching world Englishes[J]. World Englishes, 2002, 21(3): 436—440.
③ MEXT. Developing a strategic plan to cultivate "Japanese with English abilities" [EB/OL].(2002-05-09) [2005-10-08]. http://www.mext.go.jp/english/news/2002/07/index.htm.

日本高中汉语和韩语教育现状进行研究分析，确定了适当的教育原则和目标，并开发了有效的课程内容和教学方法。日本国际文化交流财团组织项目委员会，在研究其他国家课程标准和本国高中外语教育现状的基础上，起草了《未来日本高中汉语和韩语教学指导纲要》，为进一步加强日本高中汉语和韩语教育提供了指导。

另外，随着日本在国际事务中地位的不断增强、国际交流持续频繁，学习日语的国外人员持续增加。日本政府坚信，在国际范围内加强日语教育，能从根本上加深国家之间、民族之间和不同文化之间的相互了解和理解。基于此，日本政府多次制定外国人员日语教育的相关政策。日本文部科学省、文化事务署以及其他相关机构组织的"提高外国人员日语教育措施委员会"，于1993年发表了一份《关于提高日语教育措施——为了日语国际化》的报告。该报告建议为世界范围内的日语学习者提供日语学习资源，主要包括：为在日本学习的外国学生提供日语技能的学习标准和指导纲要；为日语薄弱学生提供补习课程；根据外籍学生的个别需要提供适当的帮助；提高日语教育学院的教育质量；为海外日语教师提供培训，改进日语教育的教学内容及方法；派遣本国日语教师到国外讲课。[①]

2. 外语教育实践

(1) 外语教育课程设置与教学

长期以来，日本公共教育部门把外语教育作为国际理解教育的重要课程，并把英语、汉语和韩语等语种作为"世界语言"进行开设，其根本目的是通过培养学生的外语读、写、说等技能，帮助学生理解他国文化，解释、传播本国文化，培养学生的国际意识和跨文化意识。

1998年日本开始的新一轮课程改革中，把外语定为初中教育的必修课，并且课时数与数学、国语科目相当，每学年105课时，是课时数最多的学科之一。在2001年文部科学省关于外语教育改革意见的指导下，日本从

---

① MEXT. Japanese government policies in education, science and culture 1993 [EB/OL]. (1993-08-12) [1996-09-05]. http://www.mext.go.jp/b_menu/hakusho/html.

2002 年开始在小学开设外语课程，把外语会话作为国际理解学习的一个重要活动环节，并展开适合小学阶段学习特点的，熟悉和亲近外国生活和文化的体验性学习活动。日本普通高中新设国际学科、国际文化学科、外语学科，外语仍为必修学科。有的学校把汉语、韩语、德语、法语等作为第二外语，学生可以选修。

在教学内容上，日本外语教育强调听、说、读、写综合能力教学。根据学生实际情况和教学环境，灵活开展多样化的语言活动；教材选择重视有利于学生从广阔的视野加深对国际社会的理解，提高作为生存于国际社会中日本人的自觉意识，有利于培养国际协作精神，有利于增强对语言、文化的兴趣，有利于培养尊重语言文化的态度和丰富情感，有利于加深对世界和本国生活、文化的理解，放眼世界，培养公正的判断能力。

在教学方法上，日本中学外语教育最流行的是"团队教学法"。这种方法主要是聘请外籍助理教师，以助手的身份协助日本外语教师教学。在课堂上，通常先是教师互相问候或以对话开场，然后根据教学计划和内容，外籍教师提供示范句型，讲解相应的文化背景知识，日本教师补充说明，最后是学生们分组练习，两位教师进行个别指导。这种教法不仅有助于提高学生的外语交际能力，对日本教师的外语水平和教学方法也有很大提高，开阔了日本师生的国际视野。

(2) 外语教师交流与培训

为让学生更好地了解目的语国家的文化风俗习惯，接触"活"的外语，培养他们的语言交际能力，日本政府自 1977 年开始实施"美国人英语指导助手"制度，1978 年开始实施"英国人英语指导教员招聘项目"。在此基础上，日本政府在 1985 年发表的《国际交流计划构想》中正式提出了"日本交流与教学计划"，从 1987 年开始由日本文部省、总务省与外务省三方共同协助推进，在各地公共团体和中小学中具体实施。"日本交流与教学计划"主要是指日本各地区公共团体招聘外国青年到日本从事外语指导等工作的交流项目，旨在通过充实外语教学和开展地区级的国际交流，增进日本与外国的相互理解和推进日本各地区的国际化。类似的计划还有"富布赖特交换计划",这是1969年由文部省和美国富布赖特委员会共同制定的,即日本聘请美国教师到地方教委充当英语指导主事助手。这些外籍教师协助日本英语教师上好英语课,并向学生讲授英美文化和国际知识。

日本非常重视对外语教师的培训工作。在中小学加强外语教师培训方面,注重将国内培训和出境培训相结合。日本建立"新任教师研修制度",新教师有一年左右时间进修,委任有经验、有能力的专家教师指导,以提高新任教师的使命感和实际教学能力。加强外语教师外出培训,进一步充实各种留学制度,派遣初中、高中教师赴海外研修,充分利用教师海外派遣和向日本人学校等海外教育设施派遣的机会;外语类及师范类的研究生院都要为初中、高中外语教师的深造敞开大门;充实各类外语教师讲座,完善新任外语教师初任第一年的培训制度;从2001年开始,在研究生院"脱产进修制度"框架内的外语教师可以利用该制度到海外的研究生院进修,加强域间和校内的教师研修以及教师之间的相互切磋,共同提高;提倡英语教师参加托业和托福等外部考试,不断提高自身水平。

另外,为了促进外籍人员学习日语,文部科学省和文化事务署与相关部门密切合作,加强日语教师的培训和顾问项目。通过互联网和其他可利用资源建立综合网络,宣传日语教育相关信息;设立特殊的语言教育项目,加强国外难民的日语学习;随着外籍人士的不断增加,文化事务署规划了一系列提高日语教育水平的示范区,并在社区组织各种形式的培训和顾问计划;为应对海外需求,实施"促进相互理解之区域教育交流项目",派遣公立初中和高中教师到海外进行日语教学。国家日语学院为日语教师提供在职培训,并进行日语课程与教学方法的研究工作,开发有效的教学资源。

在高校外语教育方面,日本政府为促进外语教育教学采取了一系列有效措施:派遣大学教师到外国大学进修;增加外语教学时间;按听、说等不同教学目的分班教学;实行小班级授课;充分利用先进的现代化教学手段组织教学;增加英语水平鉴定考试课程;以亚洲国家语言为主增加外语语种。另外,一些大学还适应外国留学生的需要,使用英语教学,特别是一些理工科研究生院,为便利留学生学习并尽快获得学位,还允许学生用英语撰写学位论文。

3．日本国际文化交流财团与外语教育活动

日本国际文化交流财团是一个国际民间教育交流论坛，它在日本外语教育和国际理解教育中发挥着重要作用，其宗旨是：通过向日本和其他国家的中小学师生提供丰富的外语教育和跨文化教育机会、专业培训和外语教学资源，使他们在不同语言和文化环境中增进相互理解，学会相处。日本国际文化交流财团的主要教育交流项目包括以下几种。

（1）国外中小学日语教育项目。该项目的根本使命是：通过一系列计划，丰富国外日语教育的课堂视听教学资源；将文化理解融入日语学习中；将日本年轻人的日常生活引入国外日语课堂，使国外学生亲临日本现实生活世界；通过日语教育培养学生的跨语言和文化理解素养。该项目开展丰富的交流活动。1996年起，日本国际文化交流财团开始在中国举行中学日语教师年度培训项目，每年为项目开发和提供教学资源。项目主要培训对象是黑龙江、吉林、辽宁和内蒙古等省份的中学日语教师。2004年，日本国际文化交流财团与我国辽宁基础教育中心联合举行第一届"中国小学日语教师培训计划论坛"。另外还举办了"日语教学理论与课堂活动""日语课堂"等主题活动，帮助激发参与者的文化理解教学兴趣。在此基础上，日本国际文化交流财团还不断加强两国教育工作者的友好互访活动项目。

（2）日本高中汉语教育项目。由于地缘、文化、历史相近，汉语和中国文化对日本语言和文化具有深远影响。随着两国交流日益频繁，汉语成为日本学校中的重要外语学科。日本国际文化交流财团为提高日本汉语教育水平，采取了多种措施。一是联合举办"高中汉语教师培训研讨会"。1996年的《重申今日高中汉语教育》报告中，日本国际文化交流财团就发展日本高中汉语教育提出了10项建议，其中一条就是"为教师提供到中国接受汉语教学培训的机会"，这项建议随后成为日本高中汉语教育协会的一项主要议题。在日本和中国相关组织的通力合作下，该协会于2002年夏举办了第一届"日本高中汉语教师培训研讨会"。日本国际文化交流财团主要进行培训课程资源开发、前期培训和其他方面的工作。二是资助汉语教育。

日本国际文化交流财团在为日本高中汉语教师提供培训资料的同时，也向全国境内汉语教师培训研讨会、汉语教育相关机构和高中汉语学习活动提供资助。自 1987 年开始，日本国际文化交流财团持续资助"汉语教育协会"，举办两年一度的初级汉语教育者学习班。另外，日本国际文化交流财团还积极参与并资助高中汉语教科书编著工作。

(3) 日本高中韩语教育项目。1998 年 6 月，日本国际文化交流财团发布了 1996—1997 年度日本高中韩语教育调查报告，在此基础上，于 1998 年 8 月在日本举办了第一届高中韩语教师培训研讨会，与会代表主要来自日本 34 所高中以及大学。1999 年 8 月的第二次研讨会上，在日本国际文化交流财团的支持下成立了"日本韩语教育协会"。该协会负责举办各种韩语教育活动，以提高日本高中韩语教育质量。日本国际文化交流财团作为该协会的秘书处，2002—2003 年度主要参与了以下活动：提供韩语教学资格课程，并授予相应的韩语教学资格证书；在韩国基金会、韩国外事和商务部的协助下，日本国际文化交流财团组织了"高中韩语教师培训项目"；2003 年，在日本国际教育发展协会和韩国教育与人力资源部的协作下，举办了中小学生语言培训项目，即"咱们学韩语和参观韩国"项目；2002 年 12 月，日本国际文化交流财团举办了"今日日本韩语教育"2002 年论坛，主题是"日本韩语教育的现状及问题"；为了促进日本学校中的韩语学习，激发学生学习韩语的兴趣，日本国际文化交流财团在韩国驻东京文化服务处等单位的协助下，合作举办了"咱们试着说韩语"初学者演讲比赛。

(4) 日本学校国际理解教育项目。1997 年，为庆祝日本国际文化交流财团成立十周年，"日本高中学生日常生活：照片和文本竞赛"活动举办，目的是为日本高中学生提供一条与海外同伴跨文化交流的途径。项目内容包括一套配有插图和对他们的生活及思想进行解说的文本。这些内容都汇集在日本国际文化交流财团年度出版物《我们的生活方式》中，并作为日语和文化教育资源向国外中小学提供。另外，为了促进国外中小学生的日语学习和对日本文化的更好理解，日本国际文化交流财团还不断向国外特别是中、韩、美等国提供日语教科书和其他教学资源。

从 2001 年开始，作为中国日语班和日本汉语班之间交流安排的一部分，日本国际文化交流财团还开展了日本高中学生到中国游学计划，激发了日本学生学习汉语的动机和兴趣。为了将日-美外语教育（即英语和日语教育）与国际理解教育有效结合，日本国际文化交流财团充分利用学校和教育者关系网络，帮助开展日美中小学校之间的跨班级交流，在这些姊妹学校交流中加强跨文化理解。

为了让世界更好地了解日本文化，促进国际理解教育的健康发展，日本国际文化交流财团还通过出版各类刊物，为国内外外语教师提供教学资源。主要出版物有：*Takarabako* 季刊，该杂志创刊于 2004 年，主要是为国外中小学日语教师提供重要日语教育教学信息（如教学资源、关于课堂上资源利用的不同观点和教学计划等），帮助中小学生扩展其对日语语言、日本文化及社会的认识和理解；《小溪》（*Xiaoxi*）季刊，创刊于 1999 年，目的是为日本中学汉语教师提供关于汉语教育的思想和信息交流平台，共享其教学经验和思想；《阳光》（*Sunshine*）季刊，创刊于 1999 年，内容包括教师的观点和意见，关于日语、语言表达、课堂教学和日语材料等的问题和解答，以及与日语教育相关的其他信息，这些内容有效地将文化理解、语言学习和日本中学生的学校生活整合起来。

（二）美国的外语教育

美国国际理解教育由来已久，早在 20 世纪 20—30 年代，受进步主义教育思想的影响，美国中小学课程中就已在一定程度上渗透了国际理解教育理念，并对学校课程及教科书（如历史、文学、政治科学等）进行修订。另外，美国还在教学方法和学校组织等方面进行了整改，以培养学生的世界民族意识、跨文化理解与合作能力、具有同情心的社会态度。[1] 第二次世界大战后不久，美国又率先关注国际理解教育，1948 年全美教育协会发表

---

[1] WOOLWAN D C. The quest for international understanding in United States education, 1920—1939 [J]. Social Alternatives, 2002, 21(1): 23—27.

了《美国学校中的国际理解教育》报告,提出了国际理解教育的目标主要是,培养否定战争和祈求和平的精神,基于自由与正义的尊重人权的态度,对他国民族的理解,以及国际合作的实践态度。该报告声称:国际理解教育的终极目标是世界和平和人类福利,其直接目标在于培养对人类有新的义务意识觉悟的良好的美国公民。

外语教育是美国开展国际理解教育的重要途径。美国外语教育始于18世纪初的殖民时期,当时学习的外语主要是古典拉丁语。美国独立后,外语教育逐渐向现代外语倾斜。从美国的外语教育历史发展来看,外语一直是中学的基础课程。然而,由于复杂的社会原因,美国各级政府和民众对其重视程度不一,致使美国公民的外语水平一直不尽如人意。随着全球经济一体化、国际化的发展,国际直接交往和平等对话日益频繁,外语的作用也越来越被美国社会各界所认识;同时,为响应联合国教科文组织国际理解教育的建议,美国不断加强外语教育,促进国际了解和理解。

1. 外语教育政策

美国历来重视教育改革及政策制定。第二次世界大战后,美国曾几度把外语教育提高到国家发展战略的高度,并制定了一系列发展政策。1958年的《国防教育法》就指出要加强外语教育中心建设。另外,美国还对外语教育相关项目的财政拨款进行了具体规定。1966年的《国际教育法》也强调了加大对外语教育的资助,扩充美国学校外语课程,加强外国教师、学者、学生的外语培训力度等内容。

1983年,美国发表了教育改革宣言《国家处在危机中:教育改革势在必行》,第一次把外语教育放在与其他基础学科如英语、数学、计算机、社会研究和自然科学同等的地位上。这标志着美国政府的外语教育观念已经有了转变。

1994年,美国教育部在《2000年教育目标:美国教育法案》中将外语列为核心课程,更进一步说明美国政府已认识到外语教育不仅对第三世界国家重要,对作为世界第一经济和军事大国的美国来说也同样重要。此后,美国教育部在1996年又出台了一部国家课程标准:《外语学习标准:为21

世纪做准备》，规定了外语学习的五个目标：交际、文化、沟通、比较和参与社区。① 各州据其制定了符合本地发展情况的标准和课程框架，为各学区和学校提供最佳的教学指导。1996年的外语学习标准从战略发展的角度对美国学生应该掌握的外语标准进行了统一的规定，该标准指出：美国人必须通过习得国际比邻的语言了解别国人或被别国人了解。这个文件肯定了外语教学是增进国际了解和沟通所必需的。1999年该标准的修订版改名为《21世纪外语学习标准》，修订版主张实行幼、小、中、大学外语教学"一条龙"体制，它不仅适用于幼、小、中的外语教学，而且适用于大学外语教学，但重点还是基础外语教学。

"9·11"事件后不久，美国教育理事会与国际计划中心于2002年5月出台了《超越"9·11"：国际教育的综合国家政策》报告，提出了作为国际教育的重要组成部分的外语教育的战略目标：培养具有国际能力的公民和劳动力，使他们具有跨文化技能、熟练的外语技能和理解世界、欣赏文化多样性的素养；加强外语教育以及区域和国际研究，联邦政府大力支持大学的外语教育、区域与国际研究、国际商业教育项目；增加具有高水平外语能力的专家和世界区域知识的深度；要求所有K—16年级的学生必须学习一门以上外语，通过课程学习体验国际环境。其中的"教与学的国际化"计划指出，确保所有中小学生有机会接触国际与比较方面的学习内容和外语教育；增加从初等到职业教育领域中学习第二外语（尤其是非欧洲语言）的学生人数和学生成分的多样性；招聘和培养新一代具有综合能力的中小学及大学外语教师，增加从小学开始就可供学习的语言种类和语言计划，特别是需要更多能够从小学到高中一贯授课的小语种教师。这份报告对21世纪美国国际教育目标体系、达成目标的策略等做了清楚的阐述，体现了美国国际教育开始向全球教育取向转变，外语教育成为新世纪美国各级教育的战略性发展重点。

---

① American Council on the Teaching of Foreign Languages (ACTFL). Standards for foreign language learning: preparing for the 21st century [Z]. Yonkers, NY: ACTFL, Inc, 1996.

随后，美国政府多次强调把外语作为"国家战略语言"。2003年3月，美国教育部在2004年度教育计划中指出：教育应为美国学生提供世界语、区域与国际问题的知识；提高美国高等教育机构的世界语、区域研究和国际问题教学能力等。同年12月，国会建议国家向美国大学提供资助，建立密集型语言学习项目，实施地方学区与大学外国语学院伙伴关系计划。2004年12月，布什政府签署了《智能改革法案》，其中包括加强国家战略语言项目建设。2005年5月，参议院又制定了《2005年国家外语协调法案》，建议成立国家外国语协调委员会，发展和管理联邦外语战略，增强公众的外语学习意识。为了适应其全球战略的需要，阿拉伯语、汉语、俄语、印地语和波斯语等语种被列为美国"国家安全语言"。

紧接着，美国经济发展委员会出台了《创领导全球之能力的教育：国际研究与外语教育对美国经济和国家安全的重要性》报告，建议拓宽各级教育培训渠道，提高美国公民的外语熟练水平，特别是阿拉伯语、韩语、汉语、印地语、波斯语、日语、俄语及土耳其语等重要语言的熟练水平。[①]

在国家外语教育政策的基础上，各州也因地制宜制定了本州的外语教育政策。1999年马萨诸塞州教育局制定的外语课程大纲中提出了如下指导原则：所有学生到高中毕业时至少熟练掌握一门以上外语，选修现代外语的应该掌握说、读、写和理解等技能，选择古典外语的应该掌握读和理解技能；语言习得是一个终身学习过程，外语教育项目应该从小学就开始进行，因为年幼时代是学习语言的最佳期；有效的外语教育项目应该将语言学习和文化学习（包括日常生活、历史、文学、艺术、数学和科学等）整合起来，外语教育项目要与其他学科建立密切的联系；学生外语学习评价应该是有效教学的一个整体构件。

2005年威斯康星州国际教育委员会也出台了《为了威斯康星的全球素养：国际教育建议》报告，建议提高K—16年级学生的世界语言水平；拓

---

① Committee for Economic Development. Education for global leadership: the importance of international studies and foreign language education for U.S. economic and national security [R]. Washington D C, 2006: 26.

宽 K—16 年级学校的语言教育语种；开发外语学习资源；将威斯康星小学阶段的世界语学习范围从现在的 10% 扩大到 2020 年的 50%；向小学世界语项目提供充足资金；加大对小学教师世界语学习的支持力度；等等。

不难发现，美国外语教育政策体现了一个共同思想：通过外语学习，培养学生的文化理解与相融的能力。强调外语教育的文化素养培养功能，一方面可以促进学生对他国文化的尊重，另一方面可以消融语言交流中因文化差异而产生的各种矛盾和冲突。另外，通过外语学习培养学生参与社团活动的能力，体现了创设外语学习的真实环境和氛围的理念，培养学生对异文化的适应能力和学习能力，把外语学习当成乐趣和充实自我的手段，培养终身学习外语的观念。美国外语教育政策体现了美国政府把外语教育作为促进国家发展、提高国际竞争力、增强国家安全的重要战略手段。

2. 外语教育实践

（1）外语教育课程与教学

美国早在 1958 年颁布的《国防教育法》中就规定设立"国防外国语奖学金"以支持外语教育。自 1959 年以来，联邦政府把 80 多种外语作为重点资助对象，汉语、俄语、阿拉伯语等语种课程的注册人数有了长足的发展。据美国高等教育顾问委员会的一份调查报告，美国约有 100 所四年制大学已提高其入学条件中的外语成绩，约有 200 所大学已把外语课的学分视为获取学士学位的条件。现在，各大学开始摸索新的测验方法来评估学生的外语能力，更加注重实际表现和效果的评价。它们密切配合中小学，使外语教育具有连续性，使学生在 12 年的常规基础教育之上，连续训练达到学士以至硕士的水平。

"9·11"事件后，在国家外语教育政策的支持下，美国的 K—12 年级学校中，掀起了学习中东语言和亚洲语言的热浪，并设立各种语言学习伙伴项目。"美－中 E 语言学习系统计划"就是其中一个重要项目，这是一项中、美两国教育部之间的重大外语教育伙伴计划，也是一项具有创新性的互联网英－汉学习项目。该项目旨在通过合作，检测为中、美学校 12—18

岁的学生提供基于互联网的第二语言习得的可行性。

美国有些州还制定了本州的外语标准等级考试，学生必须通过该项考试才能毕业，如俄亥俄州和新泽西州等。美国外语课程的要求根据语种的不同有所不同，西方语言课程（如法语、德语等）的要求与东方语言课程（如日语、汉语、韩语等）的要求不同，后者要求偏低一些。新泽西州的世界语言课程从人际交往、理解与分析、表达与展示三个维度提出目标要求，认为采用这种维度的评价比采用传统的听、说、读、写的技能维度对交际意义的体现更加丰富和自然。每个维度都从以下五个方面描述行为目标要求：表达能力、理解能力、语言掌握、文化意识和交际策略。有些标准按照不同的维度设计，例如，加利福尼亚州和马萨诸塞州的外语课程按照交际、文化、跨学科知识、语言与文化比较和参与社区活动等五个方面提出目标要求。

美国学校外语教育的语种呈多样化发展趋势。在基础教育阶段，20世纪80年代以来，随着讲西班牙语的国家和地区成为美国对外投资的热点，西班牙语顺理成章地变成最有价值的外语而广泛出现在中小学课堂（此前是法语）。近几年来，亚太地区与美国政治经济关系日益密切，学习亚太地区如中、日、韩等国语言的学生越来越多。目前，美国中小学外语语种多达十几种，学生可以根据自己的兴趣爱好选择。美国还鼓励学生在中学选修第二乃至第三门外语。高等教育机构中外语教育不断发展。

根据不同的教学目标，各校提供多元化的学习方式。一是学科教学，这是最传统的外语教学方式，外语课一般每周3—4节，每节40—50分钟，这种学习方式接触外语的时间相对较少，但其优势在于连贯性，这一点在刚开始学习外语时尤为重要，因而被大多数中学所采用。二是浸入式教学（Immersion Teaching），实行浸入式教学的大多数是小学或幼儿园，在全浸入式的课堂里所有课程都用外语讲授，部分浸入式外语课堂的浸入程度至少也达到了50%，浸入式教学提供了近似本族语学生习得母语的环境，效果非常突出。三是整体语言教学法（Whole Language Teaching），即将语言、文化、社会、学习者和教师等要素统合起来的教学方法，整体语言教学在培养学生交际能力的基础上，增强学生的跨文化意识。在具体的教学实践中，大多数外语教师把言语交际作为其教学的出发点，以教会学生有目的地、创造性地运用外语进行交际为己任，创设交际化的教学过程。他们选取的教学内容大都较为真实、自然，课堂活动以创造性地运用外语完成任务为主，学生的交际能力大大增强。

（2）外语教师培训与交流

美国外语教育中，把外语教师的培养与培训看作提高外语教育质量的重要保障，从而不断提高外语教师专业化水准。首先，新课程改革对外语教师提出了更高的要求。美国各级政府和一些专业团体积极采取措施，提高教师的任职水准，满足其职业发展的需要。政府非常重视教师的继续教育，为教师教育提供多方面支持。外语教师教育内容主要是教学理论与教学技能，尤其突出现代化教学手段的掌握与运用。政府还制定了一些政策，每个在职教师都要在规定的时间内完成一定的学分，作为加薪、晋级的必要条件之一。此外，联邦政府还为外语教育提供专项基金。其次，外语教师职业发展还得到了一些专业团体学术上和资金上的支持。新成立的国家专业教师教育委员会可以直接向外语教师颁发专业证书，并协助各地制定课程教学标准。美国外语教学委员会还要求外语教师必须参加由其组织的口语水平考试，以检验其外语交际能力是否已达到一定的水准。最后，广大外语教师积极配合课程改革，他们通过参加在线外语教育课程、各类夜校、暑期班、研讨会或直接到国外游学等形式，提高自己的专业水准。一些教师还参与当地组织的外语俱乐部，用外语讨论时政、阅读各种材料、交流思想等。

另外，美国不断发展与国外教师交流的项目。"富布赖特外语助教计划"是其中最重要的一项外语教师交流计划。该计划一方面提高国外的年轻英语教师的教学技能，扩展他们关于美国社会的知识；另一方面，吸纳外国母语教师到美国大学和中小学做外语助教，并加大外语教师外出培训的力度。

(三）英国的外语教育

英国政府要求大部分学生在中学前 2—3 年用至少 10% 的课时学习外语，并鼓励学生把外语学习一直坚持到中学教育的第五年末。最近几年，随着全球化进程的加速、多元社会的转型、国际联系更加紧密，以及国际理解教育深入人心，英国政府加强了外语教育，以适应社会发展的全球化趋势。

1. 外语教育政策

英国新一轮的课程改革目标及要求明确提出，通过现代外语的学习使学生理解和欣赏不同的国家、文化、民族和社群，思考自己如何成为英国的和世界的公民。学生到第四阶段能够更独立地运用现代外语，牢固掌握语法知识，进行更丰富、更复杂的表达；根据背景、目的、对象的不同，灵活调整所使用的语言；通过与使用该种语言的人们的直接接触，增强文化意识。

随着经济的日益全球化和文化的日益多元化，英国政府和国民认识到，对 21 世纪的公民来说仅仅掌握英语是远远不够的，加强外语教育、提高外语教育的质量已经迫在眉睫。为了改善英国外语教育质量，2000 年纳菲德基金会（The Nuffield Foundation）发表《语言：下一代英国公民》报告，提出了以下几点重要建议：（1）要发展"国家语言战略"，把语言（主要指外语）作为公民的一项核心技能，促进国家外语教育发展；（2）政府应该组织一次旨在提高外语教育地位的运动，发展公众对外语学习的积极态度，营造多语种学习文化；（3）鼓励国家组织、外语教育提供者和企业雇主之间建立战略伙伴关系，使国家需求与外语教育供给相协调，提高学生外语学习的便利性；（4）应该为从幼儿到成年人的所有公民提供系统的外语学习路径，所有孩子应该从小学开始学习外语，并贯穿整个学校教育；（5）政府应该设立小学外语教育国家行动项目，长期致力于推动儿童早期外语学习；（6）增加中学外语学习科目，制定灵活的课程计划，满足不同学生的需求、能力、兴趣，充分利用信息技术，使所有中学毕业生都具备基本外语技能和继续学习的基础；(7) 树立终身语言学习观，在保证学习目标统一的前提下，将语言学习延伸到学校教育之外，并贯穿人的一生，不断更新语言技能，学得新的语言；(8) 高等教育外语课程应该专业化，外语学习水平应作为大学入学条件之一，同时，在高等教育中开发国家语言发展计划，协调外语专业人员供给、外语毕业生的利用以及为提高个人技能学习外语的所有学生的资格要求等之间的平衡；(9) 加强外语教师的培训工作，增加外语教师数量；(10) 建立国家外语教育标准。①

2002年5月，英国教育与技能部出台了旨在加强各级学校外语教育的《为全民之语言：为生活之语言》战略报告。该战略报告规定了从小学到大学和成人教育等各级各类教育中外语教育的相关政策，并提出了外语教育发展战略的具体目标：(1) 到2012年，使所有小学生都有学习至少一门外语的权利和机会；(2) 到2005年，使特色语言学院的数目至少达到20所；(3) 使所有青少年和成年人都有机会学习外语，而且具有较强的学习动机；(4) 在继续教育、高等教育领域以及各种岗位培训活动中，使学习外语的人数有较大幅度的增加；(5) 使社会各界认识到外语的重要性，公民掌握的外语能力得到广泛的认可，建立外语能力认证机制；(6) 建立地方或区域性的网络，为小学开设外语课程创建优势资源，提高小学外语教学水平；(7) 全国民众总体外语素质得到提高；(8) 增加外语教师人数，开拓多种渠道，挖掘一切可利用的外语教育人力资源，包括校内资源和校外资源。②

2006年9月，英国教育部宣布重新审议在学校教授现代外语的教育政策。教育大臣艾伦·约翰逊（Alan Johnson）委托迪林勋爵（Lord Dearing）进行审议。约翰逊在下议院回答有关教育的质询时，表示对大量16岁学生放弃普通中等教育证书（GCSE）课程中的法文及德文课感到关切。约翰逊说，如果审议的结论认为目前的策略出错，应该改弦更张，政府愿意接受

---

① The Nuffield Languages Inquiry. Languages: the next generation [R]. London: The Nuffield Foundation, 2000.

② Department for Education and Skills. Languages for all: languages for life: a strategy for England [R]. Department for Education and Skills, 2002.

建议并执行。不过,他说:"我们希望语言能百花齐放。我认为强迫 14 岁到 16 岁学生修一门语言,不能达成这个目的。要达成这个目标,可以在早期给予儿童语言上的刺激,寻找更新和更有启发性的语言教学方法。"①

2. 外语教育实践

(1) 外语课程设置和教学

在 1988 年国家课程改革中,英国把外语列为基础课程。目前的课程要求 11—16 岁的中学生学习一门外国语,并有国家级(英格兰和威尔士)的课程标准。该课程标准指出,学习外语有利于学生情感的发展、品格的发展、交往能力的发展和文化意识的发展。课程目标按听、说、读、写四项技能描述,共分 9 个等级。一般学生应达到 8 级,第 9 级是为超常学生制定的。课程强调培养学生的交际能力、发展语言技能、发展语言学习策略和开展语言知识的学习,同时重视文化意识的形成。另外,强调在课程内容上关注学生的生活经历。从 2000 年起,政府鼓励小学为 9—11 岁的学生开设外语课程,并在课程标准中增加了对小学开设外语课程的目标要求,共分 4 个等级。英国中小学学习的外语主要是与英语有着千丝万缕联系、有着共同文化根基的法语、德语和西班牙语等语言,加上经济、地理等方面的优势,英国的中小学生在学习这些语言的过程中,有机会到欧洲大陆的这些国家体验生活,在现实生活中体会语言的社会功能,解决现实生活中的问题,而不仅仅是在模拟的课堂环境中学习语言。

在英格兰,外语是 11—14 岁学生的必修课。其实,在 14—16 岁年龄组别的语言课成为选修课之前,修读法语与德语的人数已经减少,并且跌幅越来越大。为了鼓励更多年轻人学习外语,英国政府增加财政投入,推行全国语言策略,内容包括:到 2010 年,所有 7—11 岁的小学生都可以修习至少一门外语;训练 6 000 名外语专业的新教师,以及训练 18 000 名现

---

① 重新审议英格兰外语教育政策 [EB/OL]. (2006-10-13) [2023-06-20]. http://www.bbc.co.uk/china/studyintheuk.

职教师及 9 000 名教学助理人员来推动外语学习计划；每所中学必须制定普通中等教育证书课程中报考外语的学生人数指标，该指标至少是 50%，最高是 90%；增建语言专科中学；推出新的普通中等教育证书课程，例如实用法语，结合法语与商业、休闲、旅游、媒体、通信等的应用。

在教学方面，英国外语教学特别注重对学生的文化熏陶，通过构建优良的语言文化背景，创设有利于外语语言教学和学习的情境，从而让学生在轻松和谐的气氛中学习和涵养对外语的认知、应用和对其他国度文化的理解。英国外语教学要求较低，教材编写比较随意，但是内容紧贴生活本源，教师在教学过程中更便于紧扣语言与现实文化的关系，通过深切的文化关怀，诠释语言作为文化的一个组成部分，反映着一个民族的风俗习惯、生活方式、思维特点等文化特征。因此，强调文化熏陶的外语教学思想促使英国学校外语教学方式和教学内容具有较强的灵活性。

另外，英国重视"任务为本"教学（task-based teaching），要求学生在完成具体任务和解决问题中完成教学目标；重视学生中心，要求学生在实践中总结归纳得出结论；重视小班化教学，保证所有学生积极参与教学活动，鼓励师生互动、学生间交流讨论等。

（2）外语教师培训与交流

学生的学习质量在很大程度上依赖教师的专业水平，重视外语教师培养和在职培训、设立新的外语培训计划、加强外语教师和学生的国际交流是英国发展外语教育的重要措施。

目前，英国采取多渠道解决师资和其他教学问题，具体措施有：充分利用学校正式聘用的专业外语教师，这些教师可以在一所学校全职任教，也可以走校，即同时在一个区域的几所学校教授外语课程；从现职非语言教师中挑选一些有外语背景（即懂某种外语）且对外语教学有兴趣的教师，经过适当的再培训之后从事外语教学工作，这一做法相当于我们现在说的"转岗"；从专业语言学院、外语教育较为成功的中学或其他机构聘请外语专业人士做兼职教学工作，聘请有外语特长的人士或外国人做外语助教，鼓励外语专业的大学生做外语助教；广泛开拓其他外语教学途径，如企业、高等教育机构、家长以及社区提供的外语学习机会。

设立新的教师培训计划。1999年英国教育与技能部资助设立了"早期语言学习计划",这一小学语言学习项目的主要使命是:通过成立国家早期语言学习指导中心,为儿童提供信息和资源服务;开发高质量的课程资源;开发优质实践教育模式并加以推广;进行早期外语教师培训等重要活动。该计划积极开发外语教育模式,主要教育模式有:运用现有资源把外语教学作为公民或识字课程一部分的教学模式;学校网络模式,即鼓励小学与语言学院和其他地方中学建立伙伴关系,进行外语教育;地方教育局参与小学和中学联合体项目的教育模式,地方教育局提供广泛的外语教育资源,并整合到学校课程中。如"利物浦早期语言学习项目"设立于1998年,是一个由多所学校构成的外语教育联合体,到2002年共有53所小学参与,主要任务是培训小学外语教师。

积极与国外学校建立伙伴关系。如"伦敦－巴黎姊妹项目",这两个城市的学校、学生和教师建立了多渠道伙伴关系网。"英德教师与学生联谊会",目的是激发英国学生学习德语的兴趣,为所有阶段的外语教师提供到德国访学的机会。与中国教育合作项目,为英国中小学和大学提供汉语教育资源,目的是提升英国汉语普通话教学质量,活动包括提供普通话课程、开展语言教师交流、设立联合学校工程以及开展互访等活动。目前,汉语已经在英国成为重要的国际语言和商业语言。

"欧洲项目"是英国重要的外语教育合作项目。项目向所有年级的学生和教师提供外语学习机会,并促进欧洲国家外语教师培训机构合作,资助外语教师到国外进行在职培训。

大力发展外语助教项目。外语助教项目是英国语言教学的传统项目。具体做法是,聘请有经验的外语专家或母语国家专业人员参与外语教学活动,主要在正式课堂教学之外,辅导学生或与学生进行交流,达到外语学习的目的。

借鉴和推广现有的特色语言学院成功经验,大力发展特色外语语言学院。这样既可以增加外语学习人数,也可以扩大外语教师的队伍。鼓励其他教育机构为中小学校提供外语教学支持,建立外语教育合作网络,促进学校各部门之间相互合作、相互支持,在制订外语教育计划的过程中相互协商、沟通,共享教育资源。

建立全国外语教育认证系统,激发学生外语学习的积极性。充分发挥工商业界的作用,使雇主充分认识到外语的重要性,鼓励他们在招聘员工时把外语能力作为重要参考依据,并且要求雇主鼓励和支持员工学习外语。

(四)中国的外语教育

我国自古以来就重视"和"的思想,正如《论语》所言:"君子和而不同,小人同而不和",这一朴素的辩证逻辑充分体现了我国强调和谐、和平、尊重多样性和强调人际理解的优良传统。基于此,长期的发展历史中,中国一贯坚持以和平共处五项原则处理国际事务,这为国际理解教育提供了宝贵的文化基础。然而,出于历史发展原因,改革开放以前相当一段时期内,我国学校中国际理解教育并没有得到应有的发展。改革开放以后,我国政府积极把关于世界的历史、文化、科技、人口、民族等知识引入学校课程,进一步加强外语教育以及国际教育交流与合作,推动了国际理解教育的发展。

1982年《中华人民共和国宪法》(以下简称《宪法》)前言指出,"中国的未来与世界未来密切联系,中国应该致力于维护世界和平,促进人类进步"。《宪法》第24款提出,"在人民中进行爱国主义、集体主义和国际主义、共产主义的教育"。1995年的《中华人民共和国教育法》第7条指出,教育应当继承和弘扬中华民族优秀的历史文化传统,吸收人类文明发展的一切优秀成果,第67条指出国家鼓励开展教育对外交流与合作。这些法律条文中虽然没有"国际理解教育"的字眼,但在一定程度上为我国的国际理解教育提供了坚实的法律基础。

为适应全球化时代国际社会日益频繁的联系和交往,改革开放以来,在邓小平同志"教育要面向现代化,面向世界,面向未来"指示的引领下,我国在国际理解教育方面进行了积极的探索。目前,国际理解教育成为我国新时期课程改革中一项重要的改革内容，在中小学课程标准，特别是历史、地理、生物和其他必修科目课程标准中都有具体体现。全国各地正在积极开展国际理解教育，其形式主要是在历史、地理、外语等学科教学活动中渗透国际理解教育。

社会生活的信息化和经济的全球化，使外语的重要性日益突出。许多国家在基础教育发展战略中，都把外语教育作为公民素质教育的重要组成部分，将其摆在优先发展的战略地位。

为了发展学生的国际交流能力和表达能力，我国各地中小学都已普遍开设外语课程，外语课程作为必修科目被列入中学课程方案，并成为升学考试的科目之一。我国中学的外语课程种类多样，囊括了世界上主要的语种，如英语、俄罗斯语、日语、朝鲜语等。这些课程的开设极大地提高了学生获取国际信息的能力，加快了他们理解他国文化、融入国际社会的步伐。除中学之外，小学也重视外语教学。在教学实践中，改变了以往传统的教学方法，不仅注意培养学生的读写能力，还十分强调口头表达能力的训练，提高学生利用外语交流的意识和能力。

依据国家《基础教育课程改革纲要（试行）》，我国义务教育阶段的几门外语课程标准，积极吸收了当今国内外外语教育的研究成果，并结合我国外语教育现状及未来发展需要，进行了大胆的改革。与传统的外语教学大纲相比，外语课程标准在框架结构、课程目标、教学内容、教学实施等方面都有了新的尝试，构建了全新的课程目标体系，更新拓展了学习内容，把语言知识、语言技能分别列入内容标准，努力解决以往语言教学中重知识轻运用的问题。其鲜明特征是将综合语言运用能力纳入内容标准，将情感态度、学习策略、语言知识、语言技能融合于综合语言运用能力。课程标准在教学内容上不过分追求学科体系的完整性，而是注重精选基础性强、适应时代发展需要、贴近学生生活的教学内容；不仅强调学习外语的基础知识和基本技能，而且确立了文化素养、情感态度和学习策略的地位，特别强调培养学生综合语言运用能力，激发学生的学习兴趣，让学生在获得必要的外语知识和技能的同时，培养学习能力、实践能力和创新精神，在情感态度和价值观等方面获得发展，为终身学习奠定基础。

1. 英语

新课程改革要求有条件的地方从小学三年级起开设英语学科。英语课程改革重点是改变过分重视语法和词汇知识的讲解与传授、忽视对学生实际语言运用能力的培养的倾向，强调课程从学生的学习兴趣、生活经验和认知水平出发，倡导体验、实践、参与、合作与交流的学习方式和任务型的教学途径，发展学生的综合语言运用能力，使语言学习的过程成为学生形成积极的情感态度、主动思维和大胆实践的过程。

接触和了解英语国家文化，有益于对英语的理解和使用，有益于加深对本国文化的理解与认识，有益于培养世界意识。在教学中，教师应根据学生的年龄特点和认知能力，逐步扩展文化知识的内容和范围。在起始阶段应使学生对英语国家文化及中外文化的异同有粗略的了解，教学中涉及的英语国家文化知识，应与学生的日常生活密切相关并能激发学生学习英语的兴趣。在英语学习的较高阶段，要通过扩大学生接触异国文化的范围，帮助学生拓展视野，使他们提高对中外文化异同的敏感性和鉴别能力，进而提高跨文化交际能力。

《全日制义务教育英语课程标准（实验稿）》不但将跨文化内容单独列出，而且对有关国际理解的内容和教学要求都做了明确的规定。在小学、初中和高中阶段，国际理解教育的目标在英语课程标准中也都有了明确规定。在教材内容的选择方面，多选取与外国文化相关、有利于培养学生国际理解能力的英文课文。还有部分英文原著也在教材中出现，如《双城记》《威尼斯商人》等。这无疑对开阔学生视野、综合了解异国文化是极为有益的。在英语教学中贯穿国际理解的理念，对教师提出了更高的要求。

2. 俄语

新课程改革注重在教学中激发、保护和保持学生学习俄语的愿望、热情、兴趣和信心；努力关心和重视每一个学生，使他们得到鼓励、关爱，获得成功的体验；使学生乐于参与主题活动，完成学习任务，发展社会交往能力，养成和谐向上的健全人格；增强爱祖国意识，尊重他国文化。了解俄语的文化内涵有助于理解俄罗斯文化；了解俄罗斯文化，又有利于理解俄语的交际功能和交际习俗，促进对俄语的学习与掌握。

3. 日语

日语课程标准也由重视教师的"教"转变为更加重视学生的"学"，强调学生通过与教师、同学的共同活动开展日语学习和语言实践。努力倡导为学生营造宽松、活泼、接近实际的日语学习环境，通过围绕话题完成交际性任务等形式，开展多种教学活动，鼓励学生大胆开口，使他们不仅在课堂上而且在课外活动中以及对外交往中也积极用日语表达和交流。

从各国外语教育发展情况看，各国都把外语教育作为开展国际理解教育的重要途径和手段，表现出以下共同特征。

（1）重视外语教育政策制定，把外语教育作为国家发展战略任务。国际上，无论是采用中央集权还是地方分权的国家都十分重视外语教育政策，并把统一连贯的外语教育政策看作外语教育成功的重要指标之一。外语教育政策涉及诸多方面，如经费的投入、语言地位、语种的选择和在课程中的比例等等。国外外语教育政策非常重视提升外语的地位，许多国家的外语教育政策不但把外语作为必修课程，而且列为核心课程，学习者年龄也不断地下降，语种的选择也极为多样化。另外，在全球化时代，各国都把外语教育作为国家发展和保障国家安全的战略目标，如日本文部科学省2002年7月12日发布的《开发旨在培养具有英语能力的日本公民之战略计划》报告，美国从早期的《国防教育法》到近期的一系列国际教育政策，英国教育与技能部2002年5月出台的旨在加强学校外语教育的《为全民之语言：为生活之语言》战略报告，无不体现着外语教育为国家发展服务的战略思想。特别是"9·11"事件后，美国更是把外语教育提到了国家安全的战略地位，如美国经济发展委员会发布的《创领导全球之能力的教育：国际研究与外语教育对美国经济和国家安全的重要性》报告就是明显表现。

（2）加强外语教师交流与培训。为了提高本国外语教育质量，加强国际理解，各国都设立了各种外语教育合作项目。在发展国际理解教育和外语教育过程中，教师的个性、态度和水平至关重要，会在很大程度上决定国际理解教育是否达到其目标。因此，在相关政策的指导下，各国政府、民间组织都设立了多种具有创新性的外语教育项目和行动计划，制定了一系列关于教师、助教和学生流动的制度，积极开展各种形式的合作活动，如日本国际文化交流财团开展的汉语、韩语、英语等中小学外语教师培训研讨会，美国富布赖特外语教学交流项目，中美网络语言教学项目等等。这些合作项目有效地促进了各国外语教育的发展，增进了国际理解。

（3）重视课程设置和教学方法创新。从各国外语教育实践看，外语教育课程比重日趋增加，语种多样化，教学方式灵活多样，更加注重学生的听、说、读、写特别是交际技能的培养。尽量设置真实的语言情境，使学生能够使用语言做事情，通过做事情来促进学生语言运用能力的发展。几乎所有新的课程标准，都提出了教学应以学生为中心的原则。英国外语教育新战略强调学习多种外语，在英国这个具有多元文化的国家，非英语为母语的人口占有相当大比例，仅伦敦人口就有300多种语言，所以，英国的外语教育发展战略不仅要求提供学习主要欧洲语言的机会，还要求开设教授其他地区主要语种的课程，如汉语、俄语、日语等。美国高等教育中开设的语种多达160多种。

（4）注重外语学习与跨文化意识、国际理解素养的培养相结合。各个国家都非常注重将语言学习与其他学科的知识有机结合和相互渗透，充分采用适应全球化社会发展和国际理解教育理念的教育方式，使学生在语言学习过程中养成思维能力、文化意识和合作精神。如英国外语教育发展战略指出，外语教育有利于促进人的发展，发展相互理解、文化和语言多样性、社会凝聚力以及国民参与国际经济活动的能力。为了实现外语学习与跨文化意识及国际理解素养培养更好的结合，各国普遍采用文化浸入式教学方法和整体语言教学法等。英国中小学现代外语教育主要通过以下方式培养学生的文化意识：充分利用目标语言的真实材料，与外语为母语的人员交流，思考自己文化并与目标语言的国家或社区文化对比，考虑到目标语言国家和社区人们的经验和观点等。

因此，可以说，21世纪的人才应该学会与来自不同社会背景、不同文化背景和不同政治制度的国家的人相处，学会在一个多元化的世界里生存和发展。学生掌握了一门外语，就等于打开了一扇通往新的社会与文化的大门，可以比较深入地了解异国的文化与社会，在多元化的社会中学会理解他人，并在互相尊重的同时寻求合作与发展，共同维护世界和平与稳定。

二、开设国际问题课程

国际问题研究或课程学习，是开展国际理解教育的又一重要环节。联合国教科文组织和国际教育局于1968年召开的第31届国际公共教育大会上就明确提出，"国际理解教育应该作为学校学习的有机组成部分而予以计划和落实，每一门学科都应通过有效的方式促进形成一种持续有效、协调发展的系统。国际问题的教学，不论是穿插在不同学科的教学中或是单独作为一门课程，都是合适的。每一个教育机构都应有足够的关于国际事务和问题的文献资料"[①]。为了加强国际理解，世界各国都非常重视国际问题研究课程。

（一）日本的国际问题课程

在日本的高等院校中，有关国际关系、国际文化等涉及国际问题的学科作为新兴学科应运而生，如国际粮食信息、国际社会等。津田塾大学、亚细亚大学、日本大学都设有国际关系学科；横滨国立大学、山口大学、中央大学设有国际经济学科，西南学院大学设有国际文化学科；长崎大学、旭川市立大学、拓殖大学等设有国际贸易学科。在教育教学过程中，既对学生进行日本文化和历史教育，培养学生的民族自豪感和爱国精神，又通过有关国际课程，强调对学生进行外国历史、文化及国际知识的教育，培

---

① 联合国教科文组织. 全球教育发展的历史轨迹：国际教育大会60年建议书[M]. 赵中建, 主译. 北京：教育科学出版社, 1999：351-352.

养"世界中的日本人"。

为了全面推动国际理解教育开展，日本不仅在大学采取了一系列措施，而且在中小学课程设置上也有新的举措。日本政府特别强调"懂得外国，理解异国文化，是今后日本人必须具备的素养"。为此，日本政府改革了高中地理、历史课程和公民课程，并且把世界历史作为必修课程，日本高中掀起了开设国际关系学科热潮。此外，日本还在东京创办了一所新型高中——"都立国际高中"，其宗旨是培养具有渊博知识、身心健康、全面发展和具有国际意识以及优秀外语能力的人才。在课程设置上，除一般高中所必需的普通课程外，主要侧重于外国语和"国际学科"的学习，后者占总课时的三分之一。

目前，日本中小学国际问题学习主要体现在"综合学习"课程中，高中公民科中的"政治和经济"科目采用"现代政治、现代经济、现代社会的诸课题"三大板块结构，展开相关的课题学习。现代政治的主要内容包括：国际政治动向，关于人权、国家主义、领土等国际法的意义，以联合国为首的国际机构的功能，包含本国国防问题在内的安全保障问题，为国际和平和人类福祉做贡献的日本，等等。国际经济方面，主要包括：国际经济中日本的作用，国际协调的必要性与国际经济机构的作用，外汇市场的结构，贸易的意义与国际收支的现状等。国际社会问题主要包括：地球环境问题，资源与能源问题，科技与生命，核武器与裁军问题，国际经济差距的缩小与国际合作问题，种族、民族问题，等等。[1]

日本各地的中小学大力开展了多种形式的国际理解教育实践活动。例如，东京都港区立东町小学校根据该社区外国居民多的特点，开展了以"增进友谊，共同成长"为主题的研究活动，就国际理解教育的概念、国际协调、国际和平、人权、自由平等方面开展了理论的和实践的研究，出版了中小学生在国际理解教育活动中的优秀作文，组织编写了《我们是国际人》《世界儿童手拉手》《国际理解教育实践事例集》等。另外，日本文部

---

[1] 李稚勇，方明生. 社会科教育展望 [M]. 上海：华东师范大学出版社，2001：430.

科学省还鼓励高中开展国际交流活动，其主要形式是向国外派遣高中留学生，接受外国高中留学生，缔造姊妹校关系，到国外"修学旅行"，等等。这些措施使日本迅速发展为国际理解教育开展得最好的东方国家之一。

（二）美国的国际问题课程

在美国的国际教育发展历史中，国际问题或国际知识始终是美国政府关注的重要主题，并把其作为国家战略发展项目之一。正如美国前国务卿鲍威尔所言："解决我们国家面临的重要问题，从消除恐怖主义到全球环境问题等，要求我们每一个年轻人学习更多的其他地区、文化和语言的知识。"[1]

1966年美国通过的《国际教育法》提出："在促进国家间的相互理解与合作中，有关其他国家的知识是最重要的，雄厚的美国教育资源是加强我们与其他国家关系的必要基础；应当确保这一代和未来几代的美国人有充分的机会在有关其他国家、人民和文化的所有知识领域，在最大可能的程度上开发智力。"[2] 该法案授权在美国大学建立高级国际问题研究中心，要求联邦政府增加对本科阶段国际问题研究计划的资助额度。

2002年5月发布的《超越"9·11"：国际教育的综合国家政策》也强调培养国际专家和全球公民的目标：高级专家需要具备外语、文化、政治、经济和各国社会制度以及跨国问题方面的知识，确保国家教育制度能够培养国际专家与提供国际知识；培养美国公民解决国际社会面临的共同问题的能力，如消除贫困、控制人口增长、保护环境、控制大规模杀伤武器等全球问题。美国的学院、大学、商业机构与社区必须为就全球问题与政府建立新的合作伙伴关系做好准备。同时，确保每个学生有机会学习能够传授跨文化理解知识与技能，体现专业国际维度，以及广泛理解国际问题的

---

[1] POWELL C. Closing the K—12 international knowledge gap: putting the world into world class education [Z]. Washington D C, 2003.

[2] VESTAL T M. International education: its history and promise for today [M]. London: Bloomsbury Publishing, 1994: 198.

课程。①

另外，美国教育部 2004 年度教育计划中也规定，要给美国学生提供世界语、区域与国际问题知识；提高美国高等教育机构世界语、区域研究和国际问题教学能力。《创领导全球之能力的教育：国际研究与外语教育对美国经济和国家安全的重要性》报告建议：应该把国际内容和国际研究整合到每一个州的 K—12 年级课程标准和评价指标中，中小学课程应增加国际课题学习，如地理、世界史和区域研究等。

2005 年威斯康星州国际教育委员会出台题为《为了威斯康星的全球素养》国际教育建议报告，报告中建议在 K—16 年级教育中开发全球课程：强调通过新的专业、证书和课程设置，将"全球视野"观念（包括信息技术、世界语言、跨文化技能和区域研究等内容）整合到所有学科中；开展"全球化如何影响教学和课程设计"等课题讨论；督促各大学和学院成立国际研究中心，提供 K—16 年级学校国际理解教育资源等。

在实践方面，美国有 34 个州制定了旨在指导和鼓励开展全球教育的章程，其余 16 个州正在对有关规则进行讨论。美国"全球教育咨询小组"甚至以国际贸易的眼光，要求从幼儿园到中学都开设"全球教育课"，并把它列入学校的总课程之中，旨在使学生无论在何时接触到其他文化时，都能以一种不带偏见的态度来观察、接受和评论。美国各高校近年来也普遍加强了国际知识的教学，以培养具有国际战略眼光的人才。诸如国际关系、比较政治、比较经济体制、国际法、国际组织等课程，早已被列入高校的课程。1986 年由美国高等教育顾问委员会发布的《大学校园的发展趋势》报告指出，大约有一半的四年制高校在开设的课程中增加了国际内容的分量。东方文化、非洲文化、中东文化等非西方文化也受到重视。美国大学一方面通过开设相关的课程，加强学生对非西方文化的了解；另一方面，它们还对传统的课程进行了修订，一些科目如历史学、政治学、经济学、

---

① American Council on Education, Center for Institutional, International Initiatives. Beyond September 11: a comprehensive national policy on international education [Z]. Washington D C, 2002: 15.

社会学、比较语言学、文学等,现在已扩大了范围,从仅限于西方世界的有关事件和成就发展到包括整个世界。

自从 1972 年联合国人类环境会议召开和《人类环境宣言》发布后,环境教育在美国日益受到重视,并被当作一门跨学科课程开设。1976 年,美国生物学课程研究会出版了一部环境教育教材《环境科学:我和我的环境》,供 11—13 岁学生使用,其中共有 5 个单元,即"探索我的环境""我在环境中""我的环境中物质的转移和循环""我的环境中的能量关系""我的环境中的水和空气",这些单元都采取跨学科的方式编写而成。

美国国家新课程标准要求在 11—12 年级开设"国际问题"、"国际区域研究"(包括荣誉课、学术课和普通教育课等形式)、"高级现代欧洲史"等国际课题,在社会科课程中设置世界史、世界文化和世界地理等科目。

美国许多高校和社会团体成立了各种国际问题研究机构,为各级各类学校教师和学生提供丰富的国际问题教学资源。下面是几个实例。

(1)博克博物馆(Burke Museum)是一个州立自然与文化史博物馆,主要教育对象是从幼儿园到大学的学生和教师,以及普通民众;涉及的区域包括澳大利亚、新西兰、南北美洲、亚洲和太平洋群岛国家;涉及的主题有文化、环境、地理、历史、语言以及艺术。这些资源可以用于学生课程,也可用于教师培训。

(2)"杰克逊国际研究院加拿大研究中心"与西华盛顿大学加-美研究中心联合提供学校课程资源,主要服务对象是从幼儿园到大学的所有学生和教师,研究区域是北美,研究主题是商业、文化、经济、环境、地理、全球化、政府、历史、人权、语言、文学和艺术等。

(3)"面向未来"(Facing the Future)组织是一个非营利性组织,主要为学生、教师和公众提供动态的、成功的全球问题教育和行动机会,建构未来世界。该组织主要研究人口、贫困、消费、和平、冲突和环境等相关问题,通过研究为学生和教师提供符合教育目标的课程资源,通过地区、国家和国际教育者大会以及社区服务、战略伙伴等提供教育资源。服务对象是初中、高中的学生和教师,研究主题是商业、文化、经济、环境、地理、全球化、人权等。

（4）文化交流协会主要为学生提供外语教学资源。其服务对象是所有年龄的学生，研究区域是澳大利亚、新西兰、北美，研究主题是文化和语言。

（5）世界事务委员会主要为学生和教师及其他教育者提供国际问题资源，帮助学校开发世界问题研究课程。其服务对象主要是小学、初中、高中教师和学生及一般公众。研究主题有商业、文化、经济、环境、全球化、政府、人权、文学等。

（三）英国的国际问题课程

英国作为一个依靠国际贸易发展起来的群岛国家，具有开展世界研究和国际理解教育的强烈意识。其国际研究由来已久，在20世纪30年代就较早地关注"和平教育"。第二次世界大战期间，英国积极参加"教育联盟部长大会"（联合国教科文组织前身）。1939年英国成立了"世界公民教育委员会"，在政府的资助下，该委员会为国家的世界研究提供多方面支持和指导。1973—1979年，在罗宾·理查德森（Robin Richardson）的倡导下，成立了"世界研究工程"（World Studies Project），目的是鼓励修订中学阶段的教学大纲，使学校课程更多地体现"世界视野"而非"国家态度"。课程在很大程度上平衡了对国家忠诚与对整个人类多样化忠实的关系。20世纪70年代，该工程通过研讨会、教师手册和教科书等形式，有效地提高了教师的全球视野和对整个人类理解的意识。1976年，英国又成立了"世界发展教育中心"，为学校教育提供了关于第三世界国家和问题的各个方面的学习资源。[1]

1999年制定的《英格兰国家地理课程标准》对1—3阶段的学生提出了关于国际视野的培养目标：通过对世界空间的学习，促进学生精神境界发展；通过对如"全球变暖"等课题的学习，促进学生道德发展；通过对不

---

[1] Department of Education and Science. International understanding: sources of information of organizations [Z]. London: H.M.S.O, 1979.

同国家的发展对其国民生活质量的影响的课题学习，促进学生社会意识发展；通过对不发达国家的不同传统和生活经验的学习，促进学生文化素养的发展等，最终通过对地理的学习，形成具有国际视野的世界公民。①《英格兰国家课程：公民科》中的内容主要有：通过对人类不同价值观的学习，发展学生理解精神；通过对社会中平等与公平、权利与义务的学习，发展学生道德品质；通过对多样化社会的学习，发展学生的跨文化品性等。② 相应的，历史课程标准关于1—3阶段的课程设置，包括了"欧洲历史"和"世界历史"等世界课题。

在高中社会科课程中，设有国际社会学科目，学生需要学习对发达国家、发展中国家的不同定义和解释，各国间的经济、政治、文化交往关系，以及援助的作用、贸易、跨国合作、实施不同发展策略的国际机构及环境问题等国际课题。③

中小学还开设国家或区域研究课题。如英国"中国问题研究"协会于2005年提出，要加强英国学校的"中国研究"，并指出"中国是世界上发展最快、最有活力的经济体，也是全球最有影响力的国家。然而我国课程中却很少涉及中国研究内容，因此迫切需要在整个国家体制中促进中国研究"④。积极开展"中国问题研究"活动，如建立学校中国研究网络，提高学生和教师的研究意识，充分利用现有资源进行课程开发；向教师和决策者提供关于中国研究的出版物和手册，将其纳入国家课程中；建立创新课程项目和教师培训项目；在高校加强与中国专业人士的伙伴关系，建立国家和地方中国研究咨询中心等。

在高等教育中，国际或区域研究课程涉及面极其广泛，如伦敦大学西非研究中心、伯明翰大学以及萨塞克斯大学等都设有非洲区域研究课程，

---

① Qualifications and Curriculum Authority. The national curriculum for England: geography [Z]. London: HMSO and QCA, 1999: 8.
② 同① 10.
③ 钟启泉. 国际普通高中基础学科解析 [M]. 上海：华东师范大学出版社，2003：291.
④ British Association for Chinese Studies (BACS). Chinese studies in UK schools [R/OL]. (2005-07-02) [2005-11-06]. http://www.bacs.com.

并授予相关学位证书。研究课题主要包括人类学、非洲发展研究、非洲语言和文化研究等。相应地，在许多大学都设有斯堪的纳维亚问题研究、亚太问题研究、新西兰问题研究等课程，并授予相应学位。另外，许多高校外语教育中设置跨文化问题研究等，更好地将外语教育和国际理解教育整合起来。这些课程的主要目标是，帮助学生发展对国际环境的理解和认识，培养他们的跨文化意识和在不同文化、语言间的有效交际能力。通过国际或区域问题课程学习，学生能够获得在国际环境中生活和工作的知识、技能和经验，最终成为具有国际意识的全球公民。总之，区域研究课程是培养学生全球视野的理想工具。

在英国国际发展部的资助下，英国皇家地理协会开展的"高等教育中的全球视野"研究项目，对2004—2005年度英国高等教育中区域研究课程关于全球维度培养问题进行了调查研究。2006年2月发表的研究报告显示：英国高等教育中区域研究课程主题涉及人类学、建筑、文化、经济、法律、文学等；研究区域涉及欧洲、美洲、中东、亚洲、非洲等区域，以及不同国家。如图7-1所示，外层指研究的不同主题，内层指研究的区域。研究显示，区域问题研究或学习的主要渠道有区域或国家历史学、不同地区政治学、国际关系学、关于社会文化及身份的社会学和人类学、艺术学以及语言学等课程，以及国际交流、国际语言学习、田野考察等。[1]

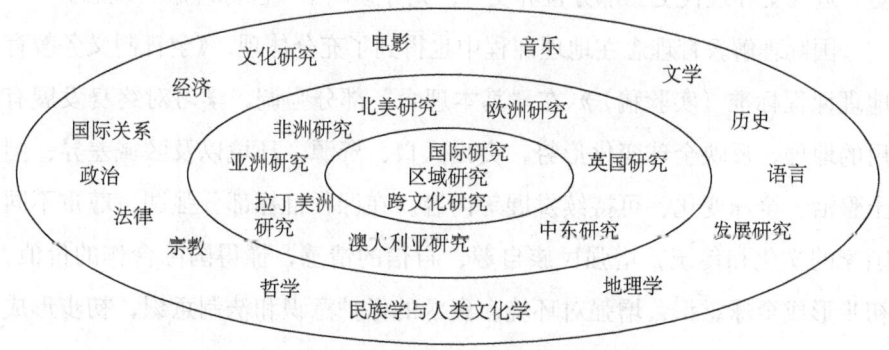

图7-1 英国高等教育课程区域问题研究图解

---

[1] Research and Higher Education Division, Royal Geographical Society. Global perspectives in higher education – subject analysis: area studies [R]. 2006.

(四) 中国的国际问题课程

1. 加强国际问题学习，培养国际意识

国际化不仅意味着了解和掌握国外的语言文字，更重要的是形成从全人类利益、全球观点出发考虑问题，理解国际社会，关心和宽容异国文化的品性与风貌，注重国际精神的培养。国际理解和国际意识教育已成为当今中国教育不可缺少的内容。目前，我国中小学普遍加强了国际意识教育，教育学生了解地球、认识世界，从小树立"地球村""我是世界公民"的观念，引导学生学会共处、学会合作、学会理解。为达到此目标，各地中小学纷纷挖掘现有课程中国际理解教育的内容，在教学中尽量渗透国际理解的思想；同时也开设世界历史、世界地理、国际经济、国际政治、环境科学等课程，使学生全面了解整个世界发展的历史进程，更准确地把握历史发展的脉搏。

《全日制义务教育历史课程标准（实验稿）》就"国际理解教育"做了原则性的规定，明确提出"初步树立对国家、民族的历史责任感和历史使命感，培养爱国主义情感"，"了解人类社会历史发展的多样性，理解和尊重世界各国、各地区、各民族的文化传统，学习汲取人类创造的优秀文明成果，逐步形成面向世界、面向未来的国际意识"，内容上包括世界古代史、近代史和现代史三部分世界史[①]，充分强调了"国际理解"理念。

国际理解教育理念在地理课程中也得到了充分体现。《全日制义务教育地理课程标准（实验稿）》在"基本理念"部分强调，学习对终身发展有用的地理，反映全球变化形势，突出人口、资源、环境以及区域差异、国土整治、全球变化、可持续发展等内容。在课程目标部分强调，尊重不同国家的文化和传统，增强民族自尊、自信的情感，懂得国际合作的价值，初步形成全球意识；增强对环境、资源的保护意识和法制意识，初步形成

[①] 中华人民共和国教育部. 全日制义务教育历史课程标准（实验稿）[M]. 北京：北京师范大学出版社，2001：1, 5, 21.

可持续发展的观念，逐步养成关心和爱护环境的行为习惯。①在世界地理部分设置海洋和陆地、气候、居民等课程内容。其中居民部分包括人口与人种（人口问题对环境及社会和经济的影响等）、语言和宗教（运用地图说出汉语、英语、法语、俄语、西班牙语等主要分布，说出世界不同国家和地区存在的宗教信仰及文化传统）等内容。②

《全日制义务教育历史与社会课程标准（一）（实验稿）》中设有"走近世界"这一板块，具体包括：（1）初步知道世界的海陆分布及主要地形等基本常识。（2）简要了解一些人类的文明遗产，激发对世界历史文化的兴趣。（3）比较一些国家、地区、民族不同的生活习俗、传统节日、服饰、建筑、饮食等状况，了解多种文化的差异性和丰富性，对不同民族和不同文化的创造持尊重和欣赏的态度。（4）通过一些日常生活用品，体会世界经济的发展与联系及其给人们生活带来的影响。（5）初步了解科学技术与人们生活、社会发展的关系，认识科技要为人类造福。崇尚科学精神和科学态度。（6）初步了解环境恶化、人口急剧增长、资源匮乏是当今世界面临的共同问题，理解人与自然、人与人和谐共存的重要性，体会"人类只有一个地球"的含义。（7）体会和平的美好、战争给人类带来的苦难，热爱和平。（8）知道我国所加入的一些国际组织，了解这些国际组织的作用。③

2. 鼓励师生对外交流与合作

为了让世界各国的人们更加了解和认识我国，知晓我国社会发展状况和丰富的优秀文化传统，使我国教育更好地与国际接轨，我国政府积极鼓励与国外学生、教师及专家学者进行国际交流与合作。例如，和国外中小学建立姊妹关系，开展对口的国际交流；定期派遣优秀教师到国外参观、

---

① 中华人民共和国教育部.全日制义务教育历史课程标准（实验稿）[M].北京：北京师范大学出版社，2001：4-5.
② 同① 7-11.
③ 中华人民共和国教育部.全日制义务教育历史与社会课程标准（一）（实验稿）[M].北京：北京师范大学出版社，2001：12，15.

访学；制定相关优惠政策吸引海外学子到中国学习，了解中国文化；在条件较好的大中城市建立一批国际学校等。这些交流活动不仅培养了学生的国际意识，开阔了学生的国际视野，还进一步推动了我国教育国际化的进程，促进了我国国际理解教育事业的发展。

综上所述，国际问题日益成为各国国际理解教育的重要内容，并从政策上予以明确的规定。从学习维度看，国际问题主要包括国别问题、区域问题、国际问题和全球问题等；从涉及的具体内容看，国际问题包括文化、宗教、经济、政治、语言、传统风俗等社会生活的方方面面；从课程设置看，主要包括单独设置（尤其在高等教育中）和渗透式课程设置（尤其在中小学），其中主要渗透到如地理、历史及综合学习等人文课程中。

对国际问题的学习促进了国际了解和国际理解。开设国际问题课程主要是基于这样一个理念：人类生活在同一个星球上，人类世界是一个纷繁复杂而又相互依存的多元社会，对他域特征的学习和研究能更好地促进人们之间的相互了解、相互理解。国际问题学习能最有效地促进人们对世界的认知、理解素养的发展。这是因为，国际问题研究是一个多学科或跨学科学习领域，包罗了大量学科知识和学习方法，能有效地发展学生广阔的国际知识和智能，并能培养学生在国际环境中批判性赏识的素养。另外，对国际问题的跨学科学习，能发展学生多视角理解他域特征的能力，辩证看待不同区域、国家及民族文化之间的异同，从而培养学生从跨文化视野和国际视野思考问题的能力。

三、开展区域与国别研究和教学

（一）区域与国别研究的缘起

19世纪以来，随着资本主义的全球扩张，西方国家在海外建立了许多殖民地。早期欧洲列强占领殖民地后,为了更好地统治,需要了解这些殖民地,于是有人专门关注这些地方,研究与此相关的各种问题。早期的研究人员主要是传教士、探险家、人类学家和驻外使节及随行人员。最早的区域与国别研究就是在这一背景下出现的。早期研究以英国、法国的成果最为显著,原因在于这两个国家曾经占有最广大的殖民地。虽然那时没有"区域与国别研究"这一概念,但研究领域的特征却开始显现,其中一个重要特征就是跨学科性:它不属于某一个特定的学科,而是需要多个学科共同努力,比如民族学、人类学、宗教学、语言学、博物学等。西方对世界的整体性研究,就是在这个背景下出现的。

第二次世界大战结束后,面对风起云涌的民族解放运动,以及出于称霸世界的野心,区域与国别研究作为一个研究领域在美国正式出现,并很快传布于西方学术界。与英法两国的殖民地研究一样,20世纪美国的区域与国别研究也是跨学科的研究。美国最著名的区域与国别研究中心(如哈佛大学的东亚研究中心,即费正清中心)都是针对某一地区或某个国家做跨学科、综合性研究的学术基地,其成果涉及许多领域,领域越全面,成果就越突出,越能把一个地区或国家的各种情况说清楚、摸透彻,进而形成立体性的研究结果,由此体现这个基地的学术能力和研究水平,引起社会的高度重视。[1]

在20世纪三四十年代,尽管出现了国际区域研究,但这类教学和研究在数量上仍然很少,还没有形成普遍的共识。据统计,1940年美国高等学校约有150 000个研究方向或学习项目,但不到200个可视为与国际理解教育和国际区域研究有关[2]。直到20世纪40年代末,仍没有对外国区域研究进行学术交流的期刊,也没有供专家、学者聚会和交流信息、观点的外国区域研究的协会和组织。非洲研究协会是20世纪50年代成立的,亚洲研究协会成立于20世纪60年代。

---

[1] 钱乘旦.构建中国特色的区域与国别研究 [M]// 北京大学区域国别研究学刊编委会.区域国别研究学刊:第一辑.北京:商务印书馆,2019:3.

[2] 徐辉.国际教育初探:比较教育的新进展 [M].2版.成都:四川教育出版社,2005:4.

1952 年福特基金会发起了"外国区域研究机构会员计划",资助苏联、东欧、西欧的研究生层次的高级研究。在福特基金会的组织下,其"国际培训和研究"项目资助了 30 多所大学开展高级的外国区域和国际关系研究,资助了 100 多所学院开设本科层次的国际问题研究课程。到 1967 年该项目结束时,它成功地促成了 40 多个开展外国区域研究和国际研究的高级研究中心的设立。[①]

因此,在第二次世界大战后出现在美国(以及整个西方学术界)的"区域与国别研究",其新颖之处不在于开辟了一个新学科,而在于组建了一个新的平台。在这个平台上,各学科(包括人文、社会科学,甚至理、工、医、农)只要有共同的研究对象(即某个国家或地区),都可以互相配合、互相支撑,共同对这个国家或地区做研究,最终拼出一幅关于这个国家或地区的"全息图",达到为制定相关政策提供知识和学术基础的目的。

(二)区域与国别研究的内涵

所谓区域与国别研究,就是对其他国家、域外地区开展的研究。区域与国别研究是多学科、跨学科交叉融合的综合领域,是针对特定国家或者区域有关人文、地理、政治、经济、社会、军事等议题进行的全面深入的研究。区域与国别研究是了解世界的一扇窗户。它通过对某个国家或地区进行多学科、跨学科的深入研究,构建关于这个国家或地区的知识体系。区域与国别研究作为一门学问,从其诞生之日起,就具有强烈的国家中心主义色彩和独特的战略价值。世界主要大国无不从国家安全的高度,把区域与国别研究上升到国家战略层面,积极构建与本国发展外部环境密切相关的国别、区域和全球知识体系。多年来,区域与国别研究在欧美学术界积累深厚并呈现出不同的研究传统和发展路径。

目前学术界普遍把区域与国别研究视为一国域外知识体系的建构,但

---

① BURN B B. Expanding the international dimension of higher education [M]. San Francisco: Jossey-Bass, 1980: 109.

对其内涵与外延尚无共识。笔者认为，区域与国别研究的内涵可分广义和狭义两种：广义的区域与国别研究泛指以区域与国家为单位，针对域情和国情展开的全方位、多角度、跨学科的综合性研究，其内容涵盖政治、经济、民族、宗教、社会、文化等领域，核心是域外地区和国家知识体系的获取与建构；狭义的区域与国别研究则是指针对特定区域与国家的特殊区情与国情开展的应用性研究，包括区域与国家治理方面的战略性研究、针对突发事件的对策性研究、围绕热点进行的信息类研究以及以现实问题为导向的基础性研究，其重心在于对域外信息的获取与利用[1]。

（三）区域与国别研究的特征

世界主要大国的区域与国别研究有以下三个基本特点。首先是跨学科。学科交叉融合被认定为区域与国别研究的核心属性，相关学科之间的互联互通成了区域与国别研究的前提条件。学科互涉之所以必要，是因为区域与国别研究必须克服知识生产的"斯密动力"所带来的"聋子的对话"弊端，即细致的分工导致学科之间的隔离，尽可能地形成对问题的全面理解。跨学科方法要成为区域与国别研究的理论自觉，只有基于多学科、跨学科和学科交叉融合的理念，才能供给关于特定国家或地区的特殊知识，否则极容易产生较大偏差，而"片面的深刻"对于关乎重大国家利益的区域与国别知识是万万不可接受的。其次是全覆盖。这也是世界主要大国开展区域与国别研究的应有品格，是知识生产和利益链条互相匹配、相互支撑的必然要求。对于任何一个世界大国而言，随着其商品、资本、技术、人员在全球范围内的流动，相关的利益自然会随之延伸，由此就产生了与之相适应的区域与国别知识需求。国家越强大，在全球的利益链条越长，就越需要高质量、全覆盖的区域与国别研究。最后是跨文化理解。起源于殖民时期的欧洲国家的区域与国别研究带有鲜明的文明输出导向和文明等级制观点，更多从人类学、语言学、考古等领域起步，先天地带有文化上的歧

---

[1] 梁占军. 世界史视域下的国别区域研究 [N]. 光明日报，2021-12-13 (14).

视性和政治上的压迫性，至今仍有历史烙印。作为冷战产物的美国的区域与国别研究始终摆脱不了强烈的政治化色彩，以意识形态、价值观而不是地区和国家划线。和欧洲的区域与国别研究相比，美国在此领域的研究歧视性减少，但对抗性增加，并且受嵌入两极争霸格局中的对抗性主导。即便如此，美国的区域与国别研究在发展初期，也明确了文化相对主义，即把美国作为世界的一部分，而不是使之与世界分离。随着美国霸权的深化，这一初心慢慢沦为一纸空文。中国在建设自己的区域与国别研究学科时，尤其应注重自身的跨文化比较意识，树立世界眼光，拓宽国际视野，尊重文化差异，从而培养出既具有国际视野又具有文化自信，能够融通中外文化，促进跨文化理解与文明互鉴的"桥梁型人才"。[1]

（四）区域与国别研究的发展趋势

第一，摈弃区域与国别研究的功利主义。当前我国的区域与国别研究重大国轻小国、重核心轻边缘、重政治安全与外交轻经济社会文化研究的特征十分突出。即便是在大国研究上，也主要长期集中在美、英、日等少数大国，对法、德、俄的研究较少。随着我国不断扩大对外开放，尤其是"一带一路"建设的开展，这种知识供给覆盖面不足的弊端日益明显。实际上，研究不同的对象只是分工差别，并无高下之分，一定要从国家的战略需求出发，避免抓大放小。第二，形成跨学科研究的意识和自觉。目前我国的区域与国别研究特别需要不同学科之间的互联互通，舍此难以提供足够客观、足够可靠、足够前瞻的区域与国别研究成果。第三，同等重视理论学习和特殊知识学习。传统上我国学者更重视特殊知识学习而对一般的理论基础重视不够，在区域与国别研究的特殊知识层面上更重视宏大研究，微观研究有所不足。区域与国别研究一旦缺少了理论的指引、介入或发明，就很难为其他学科的发展做出应有的贡献。第四，加强多语种能力。每一种语言的背后都是一套"霸权知识体系"，只掌握单一语种意味着容易被不

---

[1] 孙有中. 人文英语教育论 [J]. 外语教学与研究，2017（6）：859–870.

自觉地"植入"相关知识，从而影响研究结论的客观性。因此，做好区域与国别研究，不仅要通晓研究对象国的语言，增强研究材料的可靠性和真实性，还要培养自身的多语种能力，从语言背后的意识形态中"跳出来"，令研究成果更深刻、更准确。第五，汲取扎实的在地知识。国内的相关研究多数情况下是从文本到文本、就理论论理论，即便到研究对象国或所在地区进行田野调查，也往往走马观花，未能深度融入当地并汲取更为全面、更为可靠的地方性知识，从而造成知识生产上的扭曲。为此，建议进一步提升田野调查在区域与国别研究中的地位，构建理论学习、田野调查和科研实践三位一体的区域与国别研究路径。尤为重要的是必须重视基础数据的积累和研究，即通过一线的田野调查，获得对象国的实际资料，扩充我国区域与国别研究的基础数据。第六，坚持双（多）主体性。研究一个特定地区或国家的问题时，不能仅仅基于中国视角。一旦采用单一的主体性，极有可能导致区域与国别知识的扭曲。为此，学会从研究对象的视角以及在这一国家或地区拥有深刻影响的其他各方的视角出发加以审视和研究，是极为必要的。就比较视野而言，区域与国别研究不应是表面化、形式化的类比，而应是研究对象与学术知识在主体知识结构内部进行对话、阐释、互动、重组的过程，同时也应是以多元主义超越特定中心主义的过程。[1]

---

[1] 饶从满，付轶男. 中国比较教育的问题与出路 [J]. 外国教育研究，2005（2）：10-15.

第八章

人类命运共同体视域下的国际理解教育

习近平在 2015 年第七十届联合国大会一般性辩论时提出，和平、发展、公平、正义、民主和自由，是全人类的共同价值。这种共同价值观是人类命运共同体的实践之基。目前各国的"全球公民教育""全球胜任力教育"等都旨在从本国利益出发，培养能在国际社会中生存的人。人类命运共同体视域下的"国际理解教育"则强调在理解本土文化的基础上培养全球视野，实现全球的可持续发展，为世界谋进步，为人类谋福祉。因此，实现整个人类的可持续发展，需要以人类命运共同体为出发点，树立人们基本的共同价值观。

在教育援助实践中开展国际理解教育，我们不仅要澄清国际理解教育的概念，更要深层次地把握国际理解教育的价值坐标，这个价值坐标不仅决定了国际理解教育的内容，也决定了国际理解教育的走向。以人类命运共同体的共同价值观作为国际理解教育的根本遵循，既使国际理解教育有了更丰富的内涵和更广阔的发展空间，同时也为国际理解教育规划了实践路径。

一、人类命运共同体倡议的发展逻辑与时代诉求

人类命运共同体倡议是习近平总书记在新时代提出的宏伟理念，是推动中国式现代化、统筹国内国际两个大局、促进世界和平发展的基本指南，具有强烈的现实意义和深远的历史意义。它以整个人类历史发展进程为出发点，以世界和人类为坐标和舞台，深入思考"建设一个什么样的世界、如何建设这个世界"等关乎人类前途命运的重大课题，核心宗旨是和平繁荣、共同发展、合作共赢、长治久安；坚持互利共赢、开放创新、和而不同、包容并蓄、绿色发展的价值选择；把自己的角色定位为世界和平的建设者、全球发展的贡献者和国际秩序的维护者，体现了将自身发展与世界发展相统一的全球视野、世界胸怀和大国担当。

人类命运共同体理念是习近平新时代中国特色社会主义思想的核心内

容之一，内涵极为丰富，我们可以从构建人类命运共同体倡议的历史逻辑、时代诉求和启示三个方面进行探讨。

（一）构建人类命运共同体倡议的历史逻辑

"历史从哪里开始，思想进程也应当从哪里开始。而思想进程的进一步发展不过是历史进程在抽象的、理论上前后一贯的形式上的反映。"① 习近平总书记在2013—2023年的10年时间里，围绕整个人类如何长期生存和发展、用什么样的价值观引领长期生存和发展、用什么样的政治理念保障长期生存和发展等重大问题，放眼世界，深入思考，提出政治上相互尊重与信任、经济上兼顾共同利益与特殊利益、秉持共商共建共享的全球治理观、走和平与可持续发展道路、把国家自身发展与世界共同发展统一起来等一系列卓越思想，形成了人类命运共同体理念。

人类命运共同体理念主要经历了由"单向度"到"多向度"的转变，基本内容从呼吁、期盼到共同愿景、共同行动的历史逻辑逐步发散，也相应地形成了两个发展阶段。

第一个发展阶段是2013年到2016年。在这个阶段，习近平关于共同体的论述从最初的"单向度"走向"多向度"，从开始时关注单一的"共同体"如命运共同体、利益共同体、网络空间共同体、安全命运共同体，到全方位、"多向度"的共同体，包括经济共同体、生态环境保护共同体、医疗卫生共同体、粮食安全共同体和全球治理共同体。同时，习近平在国际国内不同场合广泛发表演讲、报告，宣传、呼吁构建人类命运共同体。

2013年3月，作为党的十八大以后的首次国际访问，习近平在俄罗斯莫斯科国际关系学院的演讲中指出，"这个世界，各国相互联系、相互依存的程度空前加深，人类生活在同一个地球村里，生活在历史和现实交汇的同一个时空里，越来越成为你中有我、我中有你的命运共同体"②。这是习近

---

① 中共中央马克思恩格斯列宁斯大林著作编译局.马克思恩格斯选集：第二卷[M].3版.北京：人民出版社，2012：14.

② 习近平.论坚持推动构建人类命运共同体[M].北京：中央文献出版社，2018：5.

平从大国外交的角度论述的人类命运共同体倡议。

为了阐明中国坚持共同发展的理念，习近平指出，"当今世界，各国人民是一个休戚与共的命运共同体，市场、资金、资源、信息、人才等等都是高度全球化的。只有世界发展，各国才能发展；只有各国发展，世界才能发展"①。在构建促进共同发展的伙伴关系方面，习近平强调："金砖国家合作事业要繁荣昌盛，就要强本固基，打造金砖国家利益共同体。我们要以建设利益共享的价值链和利益融合的大市场为目标，共同构建更紧密经济伙伴关系，发挥各成员国在资源禀赋、产业结构上的互补优势，合力拓展更大发展空间。"②这里，习近平提出了"休戚与共的命运共同体"和"利益共同体"理念。

在中国浙江乌镇召开的第二届世界互联网大会开幕式上，习近平指出，"网络空间是人类共同的活动空间，网络空间前途命运应由世界各国共同掌握。各国应该加强沟通、扩大共识、深化合作，共同构建网络空间命运共同体"③。这是"网络空间命运共同体"理念。

实现各国共同安全，是构建人类命运共同体的题中应有之义。促进和平与发展，首先要维护安全与稳定。习近平指出，"没有安全稳定，就谈不上和平与发展。中国愿同各国政府及其执法机构、各国际组织一道，高举合作、创新、法治、共赢的旗帜，加强警务和安全方面合作，共同构建普遍安全的人类命运共同体"④。在美国华盛顿核安全峰会上，习近平敏锐指出，"核恐怖主义是全人类的公敌，核安全事件的影响超越国界。在互联互通时代，没有哪个国家能够独自应对，也没有哪个国家可以置身事外。在尊重各国主权的前提下，所有国家都要参与到核安全事务中来，以开放包容的精神，努力打造核安全命运共同体"⑤。在此，习近平以强烈的忧患意识

---

① 习近平.论坚持推动构建人类命运共同体 [M]. 北京：中央文献出版社，2018：192.
② 同① 225.
③ 同① 306.
④ 同① 484-485.
⑤ 同① 327.

呼吁各国共建"安全命运共同体"。

这一时期，也是习近平向国际社会呼吁、期盼和号召共同体意识的时期。在金砖国家领导人第五次会晤时，习近平倡导："国家不分大小、强弱、贫富都是国际社会的平等成员，一国的事情由本国人民做主，国际上的事情由各国商量着办。不管全球治理体系如何变革，我们都要积极参与，发挥建设性作用，推动国际秩序朝着更加公正合理的方向发展，为世界和平稳定提供制度保障。"①在博鳌亚洲论坛2013年年会上，习近平指出，"人类只有一个地球，各国共处一个世界。共同发展是持续发展的重要基础，符合各国人民长远利益和根本利益。我们生活在同一个地球村，应该牢固树立命运共同体意识，顺应时代潮流，把握正确方向，坚持同舟共济，推动亚洲和世界发展不断迈上新台阶"②。习近平期盼各国认同命运共同体理念，论述了地球村的概念，强调了共同发展。在俄罗斯圣彼得堡举行的二十国集团领导人峰会上，习近平指出，"一个强劲增长的世界经济来源于各国共同增长。各国要树立命运共同体意识，真正认清'一荣俱荣、一损俱损'的连带效应，在竞争中合作，在合作中共赢。在追求本国利益时兼顾别国利益，在寻求自身发展时兼顾别国发展。不同国家相互帮助共同解决面临的突出问题，是世界经济发展的客观要求"③。显然，习近平在此呼吁二十国集团要树立命运共同体意识，论述了构建经济共同体的重要意义。

在北京举行的亚太经合组织工商领导人峰会上，习近平强调，"我们有责任为本地区人民创造和实现亚太梦想。这个梦想，就是坚持亚太大家庭精神和命运共同体意识，顺应和平、发展、合作、共赢的时代潮流，共同致力于亚太繁荣进步"④，大力提倡"大家庭精神和命运共同体意识"。在2014年联合国教科文组织总部的演讲中，习近平指出，"当今世界，人类生活在不同文化、种族、肤色、宗教和不同社会制度所组成的世界里，各国

---

① 习近平.论坚持推动构建人类命运共同体[M].北京：中央文献出版社，2018：23.
② 同① 29.
③ 同① 38.
④ 同① 172—173.

人民形成了你中有我、我中有你的命运共同体"①。在巴西巴西利亚举行的中国－拉美和加勒比国家领导人会晤上，习近平提出，"让我们抓住机遇，开拓进取，努力构建携手共进的命运共同体，共创中拉关系的美好未来"②。

在2015年英国伦敦金融城市长晚宴的演讲中，习近平呼吁："中国倡导国际社会共同构建人类命运共同体，建立以合作共赢为核心的新型国际关系，坚持国际关系民主化，坚持正确义利观，坚持通过对话协商以和平方式解决国家间的分歧和争端。我们将同世界各国一道，维护世界和平，捍卫公平正义，推进共同繁荣。"③ 在二十国集团工商峰会开幕式上，习近平语重心长地说："同为地球村居民，我们要树立人类命运共同体意识。伙伴精神是二十国集团最宝贵的财富，也是各国共同应对全球性挑战的选择"，"我们应该促进不同国家、不同文化和历史背景的人们深入交流，增进彼此理解，携手构建人类命运共同体"。④

第二个发展阶段是2017年到2023年。以2017年1月17日习近平在瑞士达沃斯世界经济论坛开幕式上的演讲和18日在联合国日内瓦总部的演讲为开端，从形成共同愿景到采取共同行动，命运共同体理念从个别、单一的单向度迈向整体、综合的多向度。

自2012年党的十八大明确提出倡导"人类命运共同体意识"，到该理念逐渐得到国际社会普遍认同，成为全球性重要文件、纲领、议题的核心观念，成为处理国际事务和分歧的主要原则，被先后写入联合国决议、联合国安理会决议和联合国人权理事会决议，时间仅短短数年。

2017年2月10日，"构建人类命运共同体"这一理念被写入联合国社会发展委员会"非洲发展新伙伴关系的社会层面决议"，这是人类命运共同体理念首次被载入联合国系统决议。2017年3月17日，联合国安理会一致通过关于阿富汗问题的第2344号决议，决议再次载入"构建人类命运共同

---

① 习近平.论坚持推动构建人类命运共同体[M].北京：中央文献出版社，2018：80.
② 同① 150.
③ 同① 275.
④ 同① 371.

体"的重要理念。2017 年 3 月 23 日举行的联合国人权理事会第 34 次会议通过了关于"经济、社会、文化权利"和"粮食权"的两个决议,明确表示要"构建人类命运共同体",这是人类命运共同体理念第三次被写入联合国正式文件。在 2017 年 11 月举行的第 72 届联大负责裁军和国际安全事务第一委员会会议上,中国关于构建人类命运共同体的理念再度被写入了该届联大一委通过的"防止外空军备竞赛进一步切实措施"和"不首先在外空放置武器"两份安全决议中。一年之内,数个文件多次写入"人类命运共同体",意义非同寻常。据统计,在我国倡导推动下,构建人类命运共同体理念十余次被写入联合国人权理事会决议。2018 年,"确立构建人类命运共同体的共同理念"被写入《青岛宣言》,成为上海合作组织八国重要的政治共识和努力目标。多年来,上海合作组织成为维护地区安全稳定的制度保障,也成为构建新型国际关系的典范和构建人类命运共同体的新平台。

2022 年 11 月,第 77 届联合国大会裁军与国际安全委员会先后表决通过"防止外空军备竞赛的进一步切实措施""不首先在外空放置武器""从国际安全角度看信息和电信领域的发展"三项决议,其中均写入人类命运共同体理念。这表明人类命运共同体理念深入人心,得到普遍认同,从愿景转变为共同意志、共同行为。2020 年,中国外文局当代中国与世界研究院发布的《中国国家形象全球调查报告 2019》显示,六成以上海外受访者认可人类命运共同体理念对个人、国家及全球治理的积极意义。

愿景、思想是行动的先导,有了思想,有了共识,才会采取行动。为了共同应对全球性问题,习近平积极倡导"采取务实行动",建设"行动共同体"。在印度果阿举行的金砖国家领导人第八次会晤大范围会议上,他指出,"金砖国家同呼吸、共命运,既是息息相关的利益共同体,更是携手前行的行动共同体","既要联合发声,倡导国际社会加大投入,也要采取务实行动,推动解决实际问题,注重标本兼治、综合施策,从根源上化解矛盾,为国际社会实现长治久安作出贡献"[①]。有行动才有结果,有行动才有希

---

① 习近平. 论坚持推动构建人类命运共同体 [M]. 北京:中央文献出版社,2018:389.

望。2017年,在达沃斯世界经济论坛开幕式主旨演讲中,习近平更加明确指出,"只要我们牢固树立人类命运共同体意识,携手努力、共同担当,同舟共济、共渡难关,就一定能够让世界更美好、让人民更幸福"①。习近平多次说明,"人类已经成为你中有我、我中有你的命运共同体,利益高度融合,彼此相互依存。每个国家都有发展权利,同时都应该在更加广阔的层面考虑自身利益,不能以损害其他国家利益为代价"②。在联合国日内瓦总部的演讲中,习近平再次强调,"大道至简,实干为要。构建人类命运共同体,关键在行动"③。共同行动、务实行动、共同担当、实干为要是习近平的"行动观",是推动构建人类命运共同体的关键词。

习近平还热情邀请各国加入行动,大家共同努力,共同建设人类命运共同体。2018年,习近平向上海合作组织成员国积极倡议:"我们要进一步弘扬'上海精神',破解时代难题,化解风险挑战","不断改革完善全球治理体系,推动各国携手建设人类命运共同体"。④习近平号召:"构建人类命运共同体,需要世界各国人民普遍参与。我们应该凝聚不同民族、不同信仰、不同文化、不同地域人民的共识,共襄构建人类命运共同体的伟业。"⑤

构建人类命运共同体还需要几代人的共同努力,需要一个历史过程。习近平指出,"构建人类命运共同体是一个美好的目标,也是一个需要一代又一代人接力跑才能实现的目标。中国愿同广大成员国、国际组织和机构一道,共同推进构建人类命运共同体的伟大进程"⑥。在中国共产党与世界政党高层对话会的主旨讲话中,习近平强调:"事要去做才能成就事业,路要去走才能开辟通途。构建人类命运共同体是一个历史过程,不可能一蹴而就,也不可能一帆风顺,需要付出长期艰苦的努力。为了构建人类命运共

---

① 习近平. 论坚持推动构建人类命运共同体 [M]. 北京:中央文献出版社,2018:407.
② 同① 405.
③ 同① 418.
④ 同① 533–534.
⑤ 同① 513.
⑥ 同① 426.

同体，我们应该锲而不舍、驰而不息进行努力，不能因现实复杂而放弃梦想，也不能因理想遥远而放弃追求。"①

在国内，为了深入推进"构建人类命运共同体"，习近平在一系列工作会、座谈会上做了精心安排。在中央外事工作会议上，习近平指出，"要围绕党和国家工作重要节点，推动对外工作不断开创新局面"，"要高举构建人类命运共同体旗帜，推动全球治理体系朝着更加公正合理的方向发展。要坚持共商共建共享，推动'一带一路'建设走实走深、行稳致远"。② 而且他多次强调，"'一带一路'建设是我们推动构建人类命运共同体的重要实践平台"③。

2019 年 4 月，中国与老挝签署了《中国共产党和老挝人民革命党关于构建中老命运共同体行动计划》。这是双方在深刻把握国际和地区形势以及着眼两国关系长远发展基础上做出的重要战略抉择。中老构建命运共同体，关键在行动。中老双方愿在现有良好合作基础上，进一步加强协调和合作，着眼未来 5 年，围绕政治、经济、安全、人文、生态五个方面，推进战略沟通与互信、务实合作与联通、政治安全与稳定、人文交流与旅游、绿色与可持续发展"五项行动"，为中老关系长远发展规划时间表和路线图，让中老命运共同体落地生根、开花结果，为人类命运共同体建设发挥先行者和示范者作用。④ 这是我国践行人类命运共同体理念的行动典范。

2022 年 12 月，习近平在首届中国－阿拉伯国家峰会上提出中阿务实合作"八大共同行动"，具体包括支持发展共同行动、粮食安全共同行动、卫生健康共同行动、绿色创新共同行动、能源安全共同行动、文明对话共同行动、青年成才共同行动和安全稳定共同行动。

为何要倡议共同行动？习近平做了深刻分析。他指出，"面对这种局

---

① 习近平. 论坚持推动构建人类命运共同体 [M]. 北京：中央文献出版社，2018：513.
② 同① 540.
③ 同① 530.
④ 国际在线. 中国共产党和老挝人民革命党关于构建中老命运共同体行动计划（全文）[EB/OL]. (2019-05-01) [2023-06-20]. https://www.chinacourt.org/article/detail/2019/05/id/3869901.shtml.

势,人类有两种选择。一种是,人们为了争权夺利恶性竞争甚至兵戎相见,这很可能带来灾难性危机。另一种是,人们顺应时代发展潮流,齐心协力应对挑战,开展全球性协作,这就将为构建人类命运共同体创造有利条件。我们要抓住历史机遇,作出正确选择,共同开创人类更加光明的未来"[①]。

2016年,习近平在主持中共十八届中央政治局第三十一次集体学习时,提出了多个"共同体"的表述,这是人类命运共同体思想由"单向度"到"多向度"、从"单一"到"综合"的体现。他谆谆教导全党"要加强同沿线国家在安全领域的合作,努力打造利益共同体、责任共同体、命运共同体,共同营造良好环境"[②]。此后,在多个场合,习近平论述了整体、综合、"多向度"的共同体思想。在《携手共创丝绸之路新辉煌》的演讲中,习近平呼吁:"我们以共商、共建、共享为'一带一路'建设的原则,以和平合作、开放包容、互学互鉴、互利共赢的丝绸之路精神为指引,以打造命运共同体和利益共同体为合作目标,得到沿线国家广泛认同。"[③]

在坦桑尼亚尼雷尔国际会议中心的演讲中,习近平指出,"中非从来都是命运共同体,共同的历史遭遇、共同的发展任务、共同的战略利益把我们紧紧联系在一起。我们都把对方的发展视为自己的机遇,都在积极通过加强合作促进共同发展繁荣","中国致力于把自身发展同非洲发展紧密联系起来,把中国人民利益同非洲人民利益紧密结合起来,把中国发展机遇同非洲发展机遇紧密融合起来,真诚希望非洲国家发展得更快一些,非洲人民日子过得更好一些"[④]。这里,习近平提出了"中非命运共同体",强调的是共同利益与特殊利益的统一,寻求建立经济共同体,把双方的利益统一起来,共谋发展。在中央外事工作会议上,习近平谆谆教导广大外交战线的干部职工,"要切实抓好周边外交工作,打造周边命运共同体,秉持亲诚惠容的周边外交理念,坚持与邻为善、以邻为伴,坚持睦邻、安邻、富

---

① 习近平.论坚持推动构建人类命运共同体[M].北京:中央文献出版社,2018:509.
② 同① 340.
③ 同① 347—348.
④ 同① 15—16,18.

邻，深化同周边国家的互利合作和互联互通"[1]。这是习近平对整体、综合命运共同体的论述。

为了深化区域合作，建立地区共同体，习近平高瞻远瞩，他认为，"中国-东盟命运共同体和东盟共同体、东亚共同体息息相关，应发挥各自优势，实现多元共生、包容共进，共同造福于本地区人民和世界各国人民"[2]。同时习近平还提出了坚持讲信修睦、坚持合作共赢、坚持守望相助、坚持心心相印和坚持开放包容的主张。在北京举行的中阿合作论坛第六届部长级会议开幕式上，习近平号召，"让建设成果更多更公平惠及中阿人民，打造中阿利益共同体和命运共同体"[3]。

人类命运共同体理念自提出伊始，到脉络逐渐清晰，获得普遍认同，体现了历史逻辑与客观现实的统一，理论与实践的结合。2013年3月，习近平在坦桑尼亚尼雷尔国际会议中心阐释"中非命运共同体"理念；2014年7月，习近平在巴西阐释"中拉命运共同体"理念；2015年4月，习近平在巴基斯坦议会发表《构建中巴命运共同体，开辟合作共赢新征程》演讲；2016年习近平在乌兹别克斯坦最高会议立法院发表《携手共创丝绸之路新辉煌》演讲；2017年，习近平在联合国日内瓦总部做演讲；2018年，习近平在博鳌亚洲论坛发表主旨演讲《开放共创繁荣，创新引领未来》；2019年，习近平在第二届中国国际进口博览会上做主旨演讲《开放合作，命运与共》；2020年，习近平在亚太经合组织工商领导人对话会上做主旨演讲《构建新发展格局，实现互利共赢》；2021年，习近平在博鳌亚洲论坛上做主旨演讲《同舟共济克时艰，命运与共创未来》；2022年，习近平出席首届中国-阿拉伯国家峰会并发表主旨演讲《弘扬中阿友好精神，携手构建面向新时代的中阿命运共同体》，无不印证了人类命运共同体的历史逻辑与基本内容。

---

[1] 习近平. 论坚持推动构建人类命运共同体 [M]. 北京：中央文献出版社，2018：201.
[2] 同[1] 54.
[3] 同[1] 122.

(二) 构建人类命运共同体的时代诉求

第一，为了和平。2013年1月，在中共十八届中央政治局第三次集体学习时，习近平做了《更好统筹国内国际两个大局，夯实走和平发展道路的基础》的重要讲话，他指出，"中华民族是爱好和平的民族。消除战争，实现和平，是近代以后中国人民最迫切、最深厚的愿望。走和平发展道路，是中华民族优秀文化传统的传承和发展，也是中国人民从近代以后苦难遭遇中得出的必然结论"[1]。在纪念中国人民抗日战争暨世界反法西斯战争胜利七十周年大会上，习近平指出，"为了和平，我们要牢固树立人类命运共同体意识。偏见和歧视、仇恨和战争，只会带来灾难和痛苦"，"世界各国应该共同维护以联合国宪章宗旨和原则为核心的国际秩序和国际体系，积极构建以合作共赢为核心的新型国际关系，共同推进世界和平与发展的崇高事业"[2]。在埃及开罗阿拉伯国家联盟总部的演讲中，习近平再次强调，"中国坚持走和平发展道路，奉行独立自主的和平外交政策，实行互利共赢的对外开放战略，着力点之一就是积极主动参与全球治理，构建互利合作格局，承担国际责任义务，扩大同各国利益汇合，打造人类命运共同体"[3]。在第八轮中美战略与经济对话和第七轮中美人文交流高层磋商联合开幕式上，习近平铿锵有力地宣布，"中国坚定不移走和平发展道路，倡导各国共同走和平发展道路，推动构建以合作共赢为核心的新型国际关系，打造人类命运共同体"[4]。总之，构建人类命运共同体就是为了和平，为了发展，为了文明世代相传。在联合国日内瓦总部，习近平的演讲给出有力答案："让和平的薪火代代相传，让发展的动力源源不断，让文明的光芒熠熠生辉，是各国人民的期待，也是我们这一代政治家应有的担当。中国方案是：构建人类命运共同体，实现共赢共享。"[5]

---

[1] 习近平. 论坚持推动构建人类命运共同体 [M]. 北京：中央文献出版社，2018：1.
[2] 同[1] 230.
[3] 同[1] 319.
[4] 同[1] 346.
[5] 同[1] 416.

第二，为了发展。在澳大利亚布里斯班举行的二十国集团领导人第九次峰会上，习近平指出，"面对世界经济面临的各种风险和挑战，二十国集团成员要树立利益共同体和命运共同体意识，坚持做好朋友、好伙伴，积极协调宏观经济政策，努力形成各国增长相互促进、相得益彰的合作共赢格局"，"真正成为世界经济的稳定器、全球增长的催化器、全球经济治理的推进器，更好造福各国人民"。① 在 2015 年博鳌亚洲论坛上，习近平反复强调，"迈向命运共同体，必须坚持合作共赢、共同发展"，"合作共赢的理念不仅适用于经济领域，也适用于政治、安全、文化等广泛领域"。② 为了落实联合国二〇三〇年可持续发展议程，在菲律宾马尼拉举行的亚太经合组织工商领导人峰会上，习近平倡议，"二十国集团成员国积极行动起来，落实好可持续发展议程"，"发展的最终目的是造福人民，必须让发展成果更多惠及全体人民"。③ 在纽约联合国总部，习近平郑重表态："中国将始终做全球发展的贡献者，坚持走共同发展道路，继续奉行互利共赢的开放战略，将自身发展经验和机遇同世界各国分享，欢迎各国搭乘中国发展'顺风车'，一起来实现共同发展。"④ 在金砖国家领导人会晤时，习近平重申："实现包容和可持续发展，既是各国人民的共同期许，也是世界经济持续稳定增长的动力源泉。我们要继续高举发展旗帜"，"用新思路、新理念、新举措为国际发展合作注入新动力、开辟新空间，推动全球经济实现强劲、可持续、平衡、包容增长"。⑤ 在党的二十大报告中，习近平代表中国共产党庄严承诺："中国坚持对外开放的基本国策，坚定奉行互利共赢的开放战略，不断以中国新发展为世界提供新机遇，推动建设开放型世界经济，更好惠及各国人民"，"中国愿加大对全球发展合作的资源投入，致力于缩小南北

---

① 习近平. 论坚持推动构建人类命运共同体 [M]. 北京：中央文献出版社，2018：189.
② 同① 207.
③ 同① 283.
④ 同① 257.
⑤ 同① 388−389.

差距,坚定支持和帮助广大发展中国家加快发展"。①

第三,为了公平正义。在气候变化巴黎大会开幕式上,习近平呼吁:"我们应该创造一个奉行法治、公平正义的未来","应对气候变化是人类共同的事业,世界的目光正聚焦于巴黎。让我们携手努力,为推动建立公平有效的全球应对气候变化机制、实现更高水平全球可持续发展、构建合作共赢的国际关系作出贡献"。②在美国纽约联合国总部举行的第七十届联合国大会一般性辩论时,习近平指出,"当今世界,各国相互依存、休戚与共。我们要继承和弘扬联合国宪章的宗旨和原则,构建以合作共赢为核心的新型国际关系,打造人类命运共同体"③。在越南岘港举行的的亚太经合组织工商领导人峰会的主旨演讲中,习近平指出,"坚持多边主义,谋求共商共建共享,建立紧密伙伴关系,构建人类命运共同体,是新形势下全球经济治理的必然趋势"④。

第四,为了消除贫困。习近平指出,"消除贫困是人类的共同使命","消除贫困依然是当今世界面临的最大全球性挑战","我们要凝聚共识、同舟共济、攻坚克难,致力于合作共赢,推动建设人类命运共同体,为各国人民带来更多福祉"。⑤

第五,顺应历史潮流,增进人类福祉。在2018年博鳌亚洲论坛开幕式的主旨演讲中,习近平指出,"从顺应历史潮流、增进人类福祉出发,我提出推动构建人类命运共同体的倡议,并同有关各方多次深入交换意见。我高兴地看到,这一倡议得到越来越多国家和人民欢迎和认同,并被写进了联合国重要文件。我希望,各国人民同心协力、携手前行,努力构建人类命运共同体,共创和平、安宁、繁荣、开放、美丽的亚洲和世界"⑥。

---

① 习近平.高举中国特色社会主义伟大旗帜 为全面建设社会主义现代化国家而团结奋斗:在中国共产党第二十次全国代表大会的报告 [M].北京:人民出版社,2022:61–62.
② 习近平.论坚持推动构建人类命运共同体 [M].北京:中央文献出版社,2018:291,293.
③ 同② 254.
④ 同② 499.
⑤ 同② 267.
⑥ 同② 522.

（三）构建人类命运共同体的启示

综上所述，人类命运共同体理念内涵丰富，思想深刻，是一个相互联系的理论体系。其根本出发点是整个人类发展和世界和平发展，外在表现为"合作共赢""共同发展""伙伴关系"，核心是关于国家民族与整个人类、特殊利益与共同利益之间关系的探讨。人类命运共同体理念站在全人类整体利益的高度审视国与国的关系、南南关系和南北关系，反映了人类社会对共同价值的追求，汇聚了世界各国人民对共同美好生活的向往。

总之，把中国人民的利益同各国人民的共同利益结合起来，弘扬国际主义和爱国主义精神，反对霸权主义，支持和帮助发展中国家特别是不发达国家发展经济，提高治理水平，促进人力资源开发，最终实现各国共同发展，这是构建人类命运共同体的核心。

二、人类命运共同体视域下国际理解教育的构建

（一）人类命运共同体生存价值观引领国际理解教育：和平与发展

和平与发展是人类共同价值的基础，满足了人类的基本生存需求。在不断全球化的进程中，世界面临着气候变暖问题、核武器问题、能源短缺问题、贫困、疾病等问题，这些不单单是一个国家面临的问题，而是整个人类的生存问题。1848年，马克思和恩格斯在《共产党宣言》中指出："资产阶级，由于开拓了世界市场，使一切国家的生产和消费都成为世界性的了。""旧的、靠本国产品来满足的需要，被新的、要靠极其遥远的国家和地带的产品来满足的需要所代替了。过去那种地方的和民族的自给自足和闭关自守状态，被各民族的各方面的相互往来和各方面的互相依赖所代替了。物质的生产是如此，精神的生产也是如此。各民族的精神产品成了公共的财产。民族的片面性和局限性日益成为不可能，于是由许多民族的和

地方的文学形成了一种世界的文学。"①这是马克思主义对"全球化"比较早的论述。这从另一个方面告诉我们,在人类交往日益频繁的今天,任何事件的发展都具有世界性。当我们试图了解这个世界的时候,不能总是把目光投向个别国家和地区,而应该全方位、多角度地去看世界上每一个地方发生过什么和正在发生什么。只有这样,我们才能够更准确地认识当今世界,把握当今世界;只有这样,在全球化时代的文明交往中,我们才可能做到既维护自身利益,又可以与其他民族和谐相处,更好地实现和谐发展、共同发展这一人类的共同夙愿。马克思在《1844年经济学–哲学手稿》中提到"人是类的存在物"。②"类存在"是费尔巴哈在论述人的学说时提出的。马克思虽然批判费尔巴哈观点中的机械论,但是他赞同"类存在"这个概念并做了专门阐述。正因为"人"是类存在物,人类是作为整体而存在的,才能建立人类共同体,因此,人类命运共同体思想是根植于马克思主义的"真正共同体"思想。人的"类"本质是人类命运共同体的价值追求,和平与发展是人类的"类"本性价值体现。

各国人民需要从人类命运共同体出发,把和平与发展的价值观融入教育系统,融入国际教育援助中。我国也需要把和平发展的价值观纳入对外教育援助的实践中。习近平2014年3月27日在联合国教科文组织总部演讲中提到,"通过文明交流、平等教育、普及科学,消除隔阂、偏见、仇视,播撒和平理念的种子"③。经合组织提出的"全球胜任力"在"知识维度"要求理解和欣赏他人的视角和世界观,在"价值维度"要求重视人的尊严和多样性,强烈反对排外、无知、暴力、压迫和战争等,也包含着要尊重他人文化、他国文化,坚持和平发展的价值观。因此,国际理解教育的首要价值观是促进整个人类的和平与发展。这种和平发展价值观引领下的国际理解教育,应该成为新时代国际教育援助的主题,通过国际教育合作、区

---

① 中共中央马克思恩格斯列宁斯大林著作编译局. 马克思恩格斯文集:第二卷 [M]. 北京:人民出版社,2009:35.
② 马克思. 1844年经济学–哲学手稿 [M]. 刘丕坤,译. 北京:人民出版社,1979:48.
③ 习近平. 论坚持推动构建人类命运共同体 [M]. 北京:中央文献出版社,2018:76.

域教育合作展开。任何文化都是基于历史传承、文化沉淀与创新而发展起来，都有其特定的主流文化和文化主体，会给人以精神上的归属感与认同感。通过教育合作形式展开的国际理解教育可以让不同文化差异彼此包容，这意味着坚持和平发展价值观的国际理解教育并不是将各国文化建构成统一模式，而是在倡导多元竞争、尊重差异的前提下追求和而不同，旨在促进人类和平与发展。

（二）人类命运共同体社会价值观引领国际理解教育：公平与正义

公平与正义是人类共同的社会价值观。在当今社会背景下，公平与正义不仅仅是某个国家内部的公平与正义，也包括国际社会的公平与正义。第 44 届国际教育大会通过的行动纲领强调，理解世界并采取行动必须发展非暴力解决冲突的能力、跨文化交际技能和社会适应能力等。在全球化社会中，这些能力综合体现为坚持公平与正义的能力。这不仅仅是简单的和而不同，而是在多元文化背景下的"兼收并蓄"。这种"兼收并蓄"从本质上讲是认同各自的价值观和行为表现，是公平与正义的体现。人类命运共同体理念正是尊重不同的价值取向，追求共同的利益。[①]联合国教科文组织 2015 年 11 月发布了《反思教育：向"全球共同利益"的理念转变？》（*Rethinking Education: Towards a global common good?*），重新阐释了教育本质并提出知识和教育应当成为全球共同利益。共同利益（common good）的概念让我们能够摆脱公共利益（public good）概念所固有的个人主义社会经济理论的影响。[②] 以公平正义的价值观理念引领国际理解教育，可以保障世界参与国家的主体多元性，各国通过共同利益的引导形成国际合作的全球共同利益格局。

以公平正义作为价值引领，国际理解教育在理念上体现为从文化冲突转向文化融合的共享合作。从历史维度和现实维度出发，以文明互鉴、文

---

① 冯博，蒋菲."共建人类命运共同体视野下的当代世界价值观与价值观教育"国际学术会议综述[J]. 思想政治教育研究，2018（8）：148-150.

② 冯建军. 推动构建人类命运共同体：教育何为 [J]. 教育研究，2018（2）：37-42, 57.

化交融为基础，尊重、欣赏各国不同文化，推动文化认同，增强文化理解与互信，同时还要避免文化中过度极端的民族主义，始终秉持兼容并蓄、和而不同的多样文化交流理念，消除对"文化入侵"的担忧与误解。① 人类命运共同体是建立在人类共同价值基础之上的，人类共同价值是一种价值共识，这种价值共识建立在人类共同利益、共同福祉基础之上。但是承认人类共同价值并不意味着否定民族、国家自身的独特价值，因此人类共同价值更应该建立在承认彼此特殊价值的基础之上。以公平正义理念引领国际理解教育不仅是对国际上多元文化的认同，也是对本国传统文化的进一步升华。

（三）人类命运共同体政治价值观引领国际理解教育：民主与自由

民主与自由是人类社会共同的政治价值观。国际理解教育提出，要具有全球思维、全球思想，尊重所有人的尊严、信仰，具备认为自己与国际社会有联系并愿意承担责任的世界观，愿意承担全球社会责任即要求参与全球治理，这需要"民主与自由"的社会共同价值观作为基础。"全球治理"是继"全球化"理念之后出现的一个新概念、新理念，其实质是参与和共建，"全球治理"即世界各国政府、社会组织和利益相关民众对世界事务的共同治理。② 习近平 2017 年 1 月 18 日在联合国日内瓦总部演讲时提到，"全球事务应该由各国共同治理，发展成果应该由各国共同分享"③。这与人类命运共同体的政治价值观是一致的。以民主与自由价值观下的全球治理理念引领国际理解教育，可以惠及全球，让世界各国政府、社会组织共同打造一个基于人类命运共同体的教育环境。

以人类命运共同体的民主与自由价值观作为国际理解教育的又一引领，强调在国际理解教育中要让全人类提升全球治理的意识，激发全人类参与

---

① 张梦琦，刘宝存.高等教育合作的理论困境与现实出路：推进"一带一路"建设的视角 [J].国家教育行政学院学报，2019（8）：39—45.
② 张民选，夏人青.全球治理与比较教育的新使命 [J].教育发展研究，2017（17）：1—9.
③ 习近平.论坚持推动构建人类命运共同体 [M].北京：中央文献出版社，2018：417.

全球治理的动力并提升其参与能力。人类面临共同的发展机遇和风险挑战，为了更好地面向未来，人类应当建立一种民主与自由的价值观。在这种价值观的指导下，各国在追求本国利益时也要兼顾他国利益，在谋求本国自身发展中促进各国利益共同发展。因此，全球治理是必然趋势。① 人类命运共同体理念下的全球治理是针对整个人类的共同利益而提出的，并不是针对某个组织、某个区域提出的，国际理解教育也会对全球治理的顺利展开提供教育助力。在民主与自由价值观引领下的国际理解教育一方面要纠正狭隘的民族主义、国家主义，在全球治理的基础上追求人类的共同利益，保证国际环境的民主自由，另一方面要实现教育民主化与学生自由全面发展。保证国际环境的民主自由要求遵守公平与正义的社会价值观，追求和平与发展的生存价值观；实现教育民主化与学生自由全面发展强调突出民主化教育，发挥国际组织在教育治理中的作用，关注教育不平等并引导受教育者自身全面发展。

---

① 汪明义.发挥大学在构建人类命运共同体中的使命与担当[J].中国高等教育，2018（1）：1—8.

出 版 人	郑豪杰	
责任编辑	翁绮睿	何 艺
版式设计	孙欢欢	
责任校对	贾静芳	
责任印制	米 扬	

图书在版编目（CIP）数据

人类命运共同体视域下的国际理解教育 / 徐辉著.
北京：教育科学出版社，2025.4. -- ISBN 978-7-5191-4418-0

I. G51

中国国家版本馆 CIP 数据核字第 2025ZY8710 号

人类命运共同体视域下的国际理解教育
RENLEI MINGYUN GONGTONGTI SHIYU XIA DE GUOJI LIJIE JIAOYU

出版发行	教育科学出版社			
社　　址	北京·朝阳区安慧北里安园甲 9 号	邮　　编	100101
总编室电话	010-64981290	编辑部电话	010-64981167
出版部电话	010-64989487	市场部电话	010-64989009
传　　真	010-64891796	网　　址	http://www.esph.com.cn
经　　销	各地新华书店		
制　　作	高碑店市格律图文设计有限公司		
印　　刷	唐山玺诚印务有限公司		
开　　本	720 毫米 ×1020 毫米　1/16	版　　次	2025 年 4 月第 1 版
印　　张	14	印　　次	2025 年 4 月第 1 次印刷
字　　数	190 千	定　　价	59.00 元

图书出现印装质量问题，本社负责调换。